김대식 교수의 어린이를 위한 인공지능

메타버스부터 챗GPT까지

차례

들어가는 말 · 8

1장 인공지능 시대가 열렸다
- 인간은 세상을 어떻게 바라볼까? · 12
- 세상은 딱 하나야 · 13
- 자연은 숨는 걸 좋아해 · 14
- 다 같은 로봇이 아니야 · 16
- 사람 같은 기계를 만드는 건 어려운 일 · 21
- 컴퓨터에게 어떤 다른 일을 시켜볼까? · 25
- 컴퓨터와 사람의 뇌는 달라 · 30

쉬어 가는 페이지 똑같은 세상을 보고도 왜 우리 눈에는 모두 다르게 보일까? · 36

2장 스스로 학습하는 기계라고?
- 사람처럼 학습하는 알고리즘, 딥러닝 · 40
- 딥러닝 기술을 더욱 발전시킨 빅데이터 시대 · 47
- 딥러닝 기술에 새로운 바람이 불다 · 53
- 보상을 기억하는 심층 강화 학습 · 58
- 세기의 대결, 사람 VS 컴퓨터 · 62

쉬어 가는 페이지 자화상을 그리는 인공지능 화가가 등장했다 · 68

3장 매일매일 좀 더 편리해지는 세상
- 자율주행차가 온다 · 72
- 자율주행차의 시대가 오면 · 80
- 카토피아와 카디스토피아 · 86
- 자율주행차로 가능해진 사물인터넷과 무인 배송 시스템 · 91

쉬어 가는 페이지 인공지능이 배달하는 시대, 어디든지 배송하는 드론 · 96

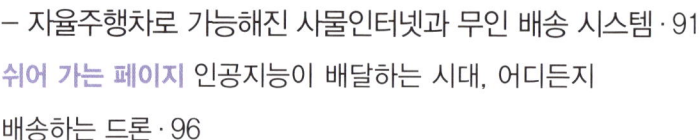

4장 사람과 기계가 서로 경쟁한다면?
- 강한 인공지능 시대는 머지않았어 · 100
- 사라질 직업과 살아남을 직업 · 104
- 4차 산업혁명은 이전의 산업혁명과 어떻게 다를까? · 113
- 4차 산업혁명에서 우리는 또 살아남을 수 있을까? · 116

쉬어 가는 페이지 새로운 도시, 스마트시티 · 122

5장 강한 인공지능 시대
- 강한 인공지능을 바라보는 전문가들의 견해 · 126
- 만약 우리가 강한 인공지능을 만난다면? · 130
- 새로운 개념의 기계 윤리가 필요해 · 134
- 만나본 적 없는 강력한 적 혹은 친구 · 138

쉬어 가는 페이지 미래의 새로운 인류, 트랜스휴먼 · 146

6장 신인류, 메타버스 사피엔스

- 메타버스 시대가 온다 · 150
- 현실은 모두에게 동일한가? · 154
- 꿈, 가장 가까운 또 다른 현실 · 157
- 우리는 컴퓨터 속 시뮬레이션에서 살고 있을까? · 160

쉬어 가는 페이지 인공지능이 사진작가가 된다고? · 164

7장 디지털 대항해 시대

- 30만 년 동안의 고독 · 168
- 메타버스, 새로운 플랫폼 · 172
- 필터 버블 · 176
- 기대되는 Z세대의 미래 · 179

쉬어 가는 페이지 가상 인물이 인기 연예인이 되는 세상 · 182

8장 사람과 대화하는 기계, 챗GPT

- 점점 더 진화하는 인공지능 · 186
- 챗GPT 덕분에 달라진 우리의 미래 · 188
- 생성인공지능과의 대화 · 189
- 완전히 달라질 우리의 미래 · 203

쉬어 가는 페이지 생성인공지능이 가져올 어두운 그림자 · 208

나가는 말 · 210

들어가는 말

증기기관과 함께 탄생한 1차 산업혁명, 전기로 만들어 낸 2차 산업혁명, 그리고 정보 기술이 만든 3차 산업혁명을 거쳐 이제 세상은 4차 산업혁명의 길을 가고 있어요. '알파고'로 주목받기 시작한 '인공지능'은 19세기의 석탄, 20세기의 석유처럼 21세기 산업 경제의 원천적 자원이 되고 있지요. 과거에는 사람을 대신해 육체적 노동만 하던 기계가 이제는 우리의 지적인 영역까지 확장하고 있어요.

『김대식 교수의 어린이를 위한 인공지능』은 이미 시작된 인공지능 시대에서 우리가 어떻게 살아가야 하며, 또 미래는 어떻게 준비해야 할지 알아보는 책이에요. 김대식 교수님은 어린이 여러분에게 미래의 인공지능 시대를 안내하기 위해서 인공지능이 처음에 어떻게 만들어졌는지, 사람의 뇌를 본떠 만든 인공지능과 사람은 어떻게 다른지, 4차 산업혁명 시대의 인공지능은 우리에게 어떤 모습으로 다가올지 친절하게 설명해 줘요.

초창기 인공지능은 계산을 할 줄 아는 컴퓨터에서부터 시작해요. 그러나 사람의 뇌에서 힌트를 얻어 인공신경망을 만들면서 기계 스스로 학습하는 딥러닝 기술을 터득하게 되지요. 사람들이 인공지능에 대해 큰 관심을 갖게 된 계기는 바둑 두는 알파고의 등장이었어요. 알파고는 사람들의 예상을 깨고 이세돌 9단을 4 대 1로 크게 이겼지요. 알파고는 바로 스스로 학습이 가능한 딥러닝을 기반으로 한 인공지능이었어요. 알파고가 이세돌 9단에게 바둑을 이겼다는 것은 여러 가지로 의미가 있었어요. 사람처럼 기계도 혼자 학습을 할 수 있다는 것과 미래를 예측한다는 점이었죠. 사람을 능가하는 인공지능 알파고를 만난 사람들의 반응은 놀람과 걱정 두 가지였어요. 인공지능 입장에서는 다소 당황스러울 수 있어요. 사람들이 편리를 위해 사람의 뇌를 본뜬 기계를 만들어 놓고, 점점 지능이 높아지고 똑똑해지니 위협적인 존재라며 걱정하기 시작했으니까요.

『김대식 교수의 어린이를 위한 인공지능』에서 앞으로 사라지는 일자리와 살아남을 일자리는 무엇일지 상상해 보았어요. 또한 인공지능 시대에 가장 주목받는 자율주행차란 무엇인지 알아보고 자율주행차 시대가 오면 우리의 삶이 어떻게 변할까 생각해 보았어요. 인간의 지능을 뛰어넘는 강한 인공지능 시대는 과연 올까요? 만약 온다면 우리는 어떤 준비를 해야 하고 그 시대를 어떻게 맞이해야 할까요? 이 책을 통해 고민하는 시간을 가질 수 있을 거예요.

앞으로는 인공지능을 제대로 이해하고, 활용할 수 있는 사람이야말로 4차 산업혁명에 적합한 인재가 될 수 있을 거예요. 이 책이 여러분에게 미래로 가는 징검다리 역할을 해줄 거라 믿어요!

1장
인공지능 시대가 열렸다

인간은 세상을 어떻게 바라볼까?

인간은 2,500년 동안 세상을 어떻게 바라보고 이해해야 하는가를 고민해 왔어요. 예를 들어 우리가 보통 '개란 무엇인가?'란 질문에 대한 답을 할 때 공통적으로 생각하는 개념이 있어요. '다리가 네 개다', '새끼에게 젖을 먹여 키우는 포유류다'와 같이 말이죠. 고대 그리스 철학자 플라톤은 "우리 눈에 보이는 세상은 진짜가 아니다. 우리 눈에 보이지 않는 이데아의 세상이 어딘가에 존재하는데, 그게 진짜다"라고 말했어요. 우리가 다르게 생긴 개를 보고 모두 개라고 인식하는 것은 이 '이데아' 때문이라는 거예요. 조금 쉽게 비유하자면 다리를 절름거리는 말, 갈기가 짧은 말, 하얀 말 모두 눈으로 보기엔 다르지만 머릿속은 모두 말이라고 인식하는 것과 비슷해요. 눈으로 볼 때, 그 생김새는 다르지만 보이지 않는 세계에 진짜가 존재하기 때문에 개라고 여긴다는 거죠.

그러나 아리스토텔레스는 이데아의 세상을 믿지 않았어요. 그건 존재하지도 않고 증명할 수도 없는 세상이라고 반박했죠. 아리스토텔레스는 "우리가 어떤 물체를 알아보는 것은 우리의 경험을 통해 어떤 공통점이 존재하기 때문이다"라고 말했어요. 우리가 수많은 개를 보면서 개라고 인식하는 것은 각각의 개들이 비록 생김새와 행동이 다르지만 공통점이 있기 때문이라는 거죠. 가장 큰 공통점은 바로 이름입니다. 모두 개라는 이름을 가졌다는 거죠.

세상은 딱 하나야

우리가 바라는 인공지능을 만들기 위해서는 결국 인간이 세상을 어떻게 바라보고 이해하는지 정확히 알 필요가 있어요. 옛날 사람들은 여러 명의 신이 있는 것처럼, 다양한 세상이 존재한다고 믿었어요. 하지만 파르메니데스의 생각은 달랐죠. 파르메니데스는 "세상은 딱 하나밖에 없다"라고 주장했어요. 그는 '세상은 하나이니까 규칙도 하나고, 규칙이 하나라면 그 규칙을 이해할 수도 있겠다'라고 생각했던 거죠. 자연이 하나라고 생각하니 만만해진 거예요. 만약 존재마다 모두 다른 규칙으로 움직인다면 세상을 이해하는 데 엄청난 시간이 필요했겠죠.

이때부터 자연을 신비롭게만 생각하지 않고 이해할 수 있는 친근한 개념으로 받아들이게 되었어요. 자연이 신의 영역으로 숭배하는 대상이 아닌, 탐구하는 대상이 된 거예요. 비로소 세상에 대한 탐구가 시작된 것입니다.

자연은 숨는 걸 좋아해

'파르메니데스의 말처럼 분명히 세상이 하나인 것 같은데 세상을 아무리 봐도 모두 다르게 보인다. 왜 그럴까?'라는 질문을 던진 사람이 있어요.

바로 헤라클레이토스예요. 헤라클레이토스는 "우리는 같은 강물에 발을 두 번 담글 수 없다"라는 유명한 말을 남기기도 했어요. 세상에 존재하는 것은 같은 모습으로 멈춰 있지 않고 모두 움직이고 변한다는 뜻이지요. 여러분이 하루가 다르게 계속 변하고 성장하는 것과 같아요.

그러니까 하나인 것 같지만 다르게 보이는 숨어 있는 자연을 탐구하는 일, 바로 그것이 과학이 해야 할 일이라고 인식하기 시작한 거예요.

  자연의 비밀을 파헤칠 다양한 도구들을 만들어 낸 철학자가 바로 아리스토텔레스예요. 눈에 보이는 움직이는 물체들의 비밀을 알아내기 위한 도구로 물리학을 만들었고, 눈에 보이지 않는 것들의 숨겨진 비밀을 밝혀내기 위한 도구로 형이상학을 만들었지요.

  아리스토텔레스는 이러한 도구들이 제대로 작동하기 위해 도구들을 서로 연결해 주는 어떤 도구를 만들었는데 그것이 바로 '논리'이지요. 논리는 어떤 사물의 본질을 파악하는 데 꼭 필요한 도구예요. 이처럼 우리가 쓰는 논리라는 개념은 아리스토텔레스에 의해 생겨난 거예요. 아리스토텔레스가 자연과 사물을 더 깊고 가깝게 접근하는 방법을 마련해 준 거죠. 앞으로 이야기할 사람과 기계의 본질을 이해하는 데에도 이 논리라는 개념이 큰 역할을 해줄 거예요.

다 같은 로봇이 아니야

텔레비전이나 신문, 라디오, 인터넷 등 다양한 매체에서 적어도 하루에 한 번씩 보거나 듣는 단어가 있어요. 바로 **인공지능** artificial intelligence이에요. 인공지능AI이란 말 그대로 '기계로 만들어진 사람의 두뇌'를 뜻해요. 즉, 컴퓨터가 사람이 할 수 있는 사고나 학습, 자기 개발 등 지능적인 행동을 모방할 수 있도록 만든 프로그램을 말하지요. 아마존의 '알렉사', 애플의 '시리', 구글의 '어시스턴트' 그리고 삼성의 '빅스비'까지 인공지능 비서가 대표적인 예에 해당해요. 우리는 스마트폰의 인공지능 비서를 통해 개인 일정 관리는 물론 날씨 예보를 확인할 수 있으며 집안일까지 시킬 수 있어요. 이처럼 우리는 온통 인공지능이 해결해 주는 세상에 살고 있어요.

지금은 이렇게 우리 생활에 자연스럽게 스며들어 일부가 되었지만 불과 몇 년 전만 해도 인공지능은 모두에게 익숙한 단어가 아니었어요. 이 중요한 사건이 일어나기 전까지는 말이지요. 대체 어떤 일이 있었던 걸까요?

2016년 3월 9일, 세계를 뒤흔든 역사적 사건이 일어났어요. 사

람과 인공지능의 세기를 대표하는 대결이 펼쳐졌거든요. 이세돌 9단과 구글 알파고의 역사적인 바둑 대결 말이에요. 대국을 시작하기 전까지만 해도 인공지능이 바둑계의 최강자 이세돌을 이길 거라고는 아무도 생각하지 못했어요. 게다가 알파고는 우리가 생각하는 만능 박사 로봇의 형태가 아닌 실체가 없는 프로그램에 불과했어요. 아무리 대단한 프로그램이라 해도 그 프로그램을 만든 건 결국 사람이기 때문에 우리의 승리를 확신했지요. 그런데 모두의 예상을 깨고 알파고가 승리를 하고 말았지요. 전 세계 사람들은 한마디로 소름 돋는 장면을 목격한 거예요. SF 영화나 소설에서만 보던 일이 눈앞에 펼쳐졌으니까요.

사람들은 충격을 받은 동시에 기대에 부풀기도 했어요. '인공지능이 순식간에 사람을 지배하면 어떡하지?', '일자리를 모두 잃게 되면 어쩌지?', '인류의 종말이 얼마 남지 않았으면 어쩌지?'라는 우려 섞인 목소리가 나오기도 했고, '정말 공부를 하지 않아도 인공지능이 다 알아서 해줄까?', '정말 인공지능과 친구가 될 수 있을까?', '인공지능이 심부름을 다 해줄 수 있을까?'라는 기대까지 하게 됐어요. 아직 먼 미래의 일로만 여겼거나 허구의 이야기 속에만 존재하는 줄 알았던 일이 벌어지자 사람들은 흥분을 쉽게 가라앉히지 못했어요. 인공지능을 연구하는 컴퓨터 공학자, 뇌과학자, 교수 등 전문가가 아니더라도 뜨거운 관심을 가졌지요.

꼬리에 꼬리를 무는 막연한 공포와 놀라움, 신기함. 이처럼 인공지능은 우리에게 막연하고 불편한 감정을 느끼게 해요. 하지만 이제는 인공지능이 없으면 살아가기 불편할 정도가 되었어요.

인공지능은 다양한 형태로 존재해요. 누구는 로봇의 형태로 떠올리고, 또 누구는 기가 지니와 같은 가전 도구의 형태를 떠올리기도 해요. 그런가 하면 프로그램의 한 종류라고 생각하기도 할 거예요. 예전에는 인공지능과 로봇을 똑같이 여겼지만 이제는 전혀 그렇지 않지요.

흔히들 생각하는 사람과 비슷하게 생긴 로봇 형태의 인공지능을 **휴머노이드**라고 불러요. 휴머노이드는 사람처럼 두 팔과 두 다리, 그리고 머리와 몸통을 지녔어요. 휴머노이드는 우리처럼 걷는 게 특징이에요. 사람처럼 두 발로 직립 보행하는 인공지능 친구가 생긴 셈이지요. 100년 전만 해도 상상조차 하지 못한 일이었어요.

'로봇'이라는 말은 원래 '일하다', '노예'를 뜻하는 체코어 '로

보타Robota'에서 왔어요. 초창기에 개발된 로봇은 사람이 하기 힘든 일을 대신하는 기계에 불과했기에 사람이 입력한 프로그램에 따라 똑같은 일만 아주 빠르게 반복할 수 있도록 만들어졌지요. 공장에서 제품을 만드는 산업용 로봇처럼 말이에요. 단순한 업무만 하는 로봇은 지능이 없는 것이나 다름없어요. 이런 로봇의 문제는 조금이라도 환경이 바뀌면 처음부터 다시 프로그램을 만들어야 한다는 거예요. 이처럼 초창기 로봇은 신호를 받으면 저장된 프로그램에 따라 반복하는 기계에 불과했어요. 하지만 불과 몇 년 만에, 전 세계 최고 수준의 로봇 기술을 가진 회사 '보스턴 다이내믹스'에서 개발한 휴머노이드 '아틀라스'는 눈길을 걸을 뿐 아니라, 높은 물체 위로 점프하거나 공중에서 360도 회전한 후 안정적으로 착지하는 것까지 가능해요. 지금에 와선 별것 아닌 것처럼 느껴질 수도 있어요. 실제로 사람 대신 드립 커피를 내리거나 음식점에서 음식을 나르는 로봇이 있으니까요.

  알파고는 휴머노이드와는 달리 로봇의 몸을 빌리지 않고 프로그램만으로 작동하는 인공지능이에요. 앞에서 잠깐 말했던 것처럼 스마트폰 안의 비서와 같이 프로그램의 형태로 존재하는 인공지능이지요. 다시 말하지만, 로봇의 형태든 프로그램의 형태든 모두 인공지능이에요.

　인공지능이 사람처럼 자유롭게 움직일 수 있는 능력도 중요하지만, 스스로 판단하고 행동하는 자율성도 무척 중요해요. 아무리 멋있는 로봇의 몸을 지닌 인공지능이더라도, 단지 리모컨으로 조정한다면 그냥 장난감이나 다름없으니까요. 인공지능이 우리가 원하는 기능을 갖추려면 스스로 세상을 인식하고 스스로 판단을 내려야 해요. 하지만 인공지능이 사람의 지능을 갖게 하는 건 너무 어려워요.

사람 같은 기계를 만드는 건 어려운 일

　왜 인공지능이 사람처럼 생각하게 하는 게 그렇게 어려울까요? 인공지능이 사람처럼 생각하게 만들려면, 사람이 직접 일일이 입력해 줘야 하기 때문이에요. 예를 들어, 인공지능은 강아지와 고양이를 구분하는 게 거의 불가능해요. 컴퓨터 앞에 가서 진짜 강아지를 보여주며 "컴퓨터야, 얘는 강아지일까, 고양이일까?" 물어봐도 소용없는 일이지요. 차라리 세 살짜리 아이에게 물어보는 것이 더 빠를 거예요. 기계가 다양한 물체 중에서 강아지만을 강아지라고 인식하기 위해서는 인공지능에 일일이 설명을 입력해 줘야 해요. 그건 누구나 고개를 끄덕일 만한 객관적인 설명에서부터 자신이 생각한 주관적인 설명까지, 무한에 가까운 정보를 입력해야 한다는 말이기도 해요. 객관적인 설명은 '다리가 네 개이고, 반가우면 꼬리를 흔든다' 같은 내용이겠고, 주관적인 설명은 '불독은 무섭게 생겼다' 같은 내용이지요.

이런 식으로 인공지능이 강아지를 알아보려면 사람이 입력한 많은 내용을 기억하고 있어야 해요. 우리의 뇌가 저장된 정보를 활용해 적절한 명령을 내리는 것처럼 말이에요. 인공지능에게 있어서 기억장치는 아주 중요해요. 컴퓨터가 아무리 발전하였다 해도 지금의 인공지능이 자동으로 분석할 수 있는 정보는 전체의 10퍼센트도 되지 않는다고 해요. 나머지 90퍼센트는 인공지능이 분석할 수 없는 주관적인 정보이지요.

인공지능이 세상에 대해서 무언가를 배우고 소화하기 위해서는 사람과 비슷한 수준의 지적 능력을 가져야 한다는 걸 알아보았어요. 또한 그런 지적 능력을 갖추기 위해선, 주관적인 정보가 무척 중요하다는 것도요.

그러므로 우리가 바라는 인공지능을 만들기 위해서는 사람이 세상을 어떻게 바라보고 이해하는지 정확히 알 필요가 있어요. 하지만 그전에 컴퓨터가 어떻게 생겨났고, 어떤 과정을 거쳐 발전했는지에 대한 충분한 이해가 필요해요.

일단 컴퓨터가 사람의 언어를 어떻게 이해하게 되었는지 알아볼까요? 컴퓨터는 눈과 귀가 없으니 컴퓨터 기억장치 안에 직접 글을 입력해야 해요. 그런데 이때 문제가 있어요. 사람의 언어는 각 나라별로 다르잖아요? 그래서 '컴퓨터가 쉽게 이해할 수 있는 언어는 무엇일까?' 고민하게 되었고, 숫자 **이진법**을 생각해 냈어요.

우리가 평상시에 사용하는 숫자 표기법은 십진법이에요. 0부터 9까지 열 개의 숫자를 사용하지요. 하지만 컴퓨터에서 사용하는 숫자는 0과 1, 딱 두 개의 숫자뿐이에요. 이를 이진법이라고 해요. 이진법은 독일의 수학자였던 라이프니츠에 의해 처음 사용되었어요. 그는 외교관이기도 했는데 각 나라의 언어가 달라서 발생하는 소통의 문제를 해결하고 싶어 했어요. 그래서 그는 언어를 초월하는 소통의 도구를 찾아냈지요. 그것이 바로 수학이었어요.

모든 나라에서 아라비아 숫자를 사용하니 수학은 공통의 소통 도구가 될 수 있어요. 게다가 논리를 따져 맞는지 틀리는지까지 정확히 증명할 수 있었지요. 라이프니츠는 세상의 언어를 0과 1의 조합으로 바꿔서 대화할 수 있을 거라고 기대했어요. 그리하여 지금 우리가 컴퓨터에서 사용하는 언어인 이진법이 탄생한 거예요. 이진법은 언어뿐만 아니라 그림까지도 0과 1로 표현할 수 있어요. 그런데 이 논리가 제대로 작동하려면 이 기호들을 서로 연결해 주는 규칙이 필요했어요. 아쉽게도, 라이프니츠는 그 규칙을 만들어 내지 못했어요. 기호 자체는 수학으로 바꿀 수 있었지만 문법은 영어나 독일어로 쓸 수밖에 없었지요. 현재에 이르러서야 기호와 문법 모두 수학으로 바꿀 수 있게 되었고, 그 덕분에 컴퓨터는 사람들이 인식하는 세상과 조금씩 만나게 되었어요.

컴퓨터에게 어떤 다른 일을 시켜볼까?

컴퓨터의 조상은 덧셈과 뺄셈을 자동으로 하는 '기계식 계산기'라고 할 수 있어요.

'컴퓨터'라는 단어는 우리가 지금 알고 있는 컴퓨터가 생기기 전에 이미 생겼었어요. 2차 세계대전 초기에는 숫자를 계산하는 컴퓨터의 역할을 사람이 맡았어요. 전쟁 중에는 대포를 쏘거나 포탄이 어디로 떨어지는지 계산을 해야 했어요. 이를 위해서 1,000여 명의 여자들이 큰 방에 함께 앉아 계산을 했어요. 틀릴 수도 있기 때문에 똑같은 계산을 적어도 다섯 팀이 나눠서 했지요. 이렇게 동원된 사람들의 직업을 가리켜 '컴퓨터'라고 말했어요. 그 후 이를 대체해 주는 기계가 등장했고, 그 기계에 자연스럽게 컴퓨터라는 이름이 붙게 되었지요.

1946년 미국에서 에니악이라는 전자식 컴퓨터가 개발되었어요. 에니악은 무려 30톤이나 되는 엄청난 무게의 컴퓨터였어요. 당시 에니악도 포탄이 어디로 떨어지는지 계산하는 용도로 쓰이는 것이 고작이었어요. 하지만 에니악을 '사람을 대신할 수 있는 뇌'라고 평가하고 다른 용도로 사용할 수 있지 않을까 고민하는 사람이 생겨났어요. 고래처럼 커다란 기계를 사람을 대신한 뇌라고 생각하는 것 자체가 무척 괴짜 같은 생각일 수 있어요. 하지만 과학의 놀라운 발전은 이렇게 작은 고민에서 시작하기도 하지요.

1956년, 당시 최고의 컴퓨터 전문가들이 미국의 다트머스대학교에 모여 회의를 했어요. 복잡한 연산을 사람보다 빠르고 정확하게 하는 컴퓨터를 다른 일에 사용하기 위해서였지요. 모임을 제일 처음 만든 미국의 컴퓨터 과학자 존 매카시는 프로그램의 수준을 계속 높여가면 사람과 비슷한 수준의 지능을 갖춘 컴퓨터를 만드는 게 가능할지도 모른다고 생각했어요. 그리고 그러한 컴퓨터를 '인공지능'이라 부르자고 선언했지요.

 회의에 모인 사람들은 '사람이 하는 일 중 가장 어려운 게 뭘까?'에 대해 고민을 하게 되었고, 모임 구성원 대부분이 수학자이다 보니 수학이 가장 어렵다고 생각했어요. 그다음은 그들이 취미로 즐기던 게임인 체스라고 생각했고요. 그들은 컴퓨터에게 학자들이 6년 동안 씨름하며 밝혀낸 책 1,996장 분량의 수학 원리를 증명하게 했고, 또 체스도 두게 했어요. 그랬더니 컴퓨터는 수학 원리를 증명하기 시작했고, 아마추어 수준으로 체스를 두기 시작했지요. 컴퓨터가 수학 증명과 체스까지 했으니 다른 일들은 컴퓨터에게 아주 쉬운 일일 것이라고 학자들은 생각했어요. 하지만 그 예상은 빗나가고 말았어요. 알고 보니 사람에게 어려운 일과 컴퓨터에게 어려운 일은 같지 않았던 것이었죠.

 사람들은 여러 번의 시도 끝에 체스를 두는 컴퓨터를 만들었고, 미로에서 자동으로 길을 찾는 컴퓨터를 탑재한 로봇 쥐도 만들었어요. 그런데 조금만 더 수준을 높이려고 하면 다 실패하는 거예요. 도대체 왜 그런 걸까요? 왜 사람에게 쉬운 일이 컴퓨터에게는 어려운 일인 걸까요?

미국의 로봇공학자 한스 모라벡은 "사람에게 어려운 일은 기계에게 쉽고, 사람에게 쉬운 일은 기계에게 어렵다"라고 말하며 사람과 기계의 차이점을 역설적으로 표현했어요. 예를 들어, 사람은 공을 던졌을 때 공을 받아치는 일, 계단을 오르는 일, 문을 여는 일을 아주 쉽게 할 수 있지만 로봇에게는 결코 쉬운 일이 아니에요.

사람의 기준에서 '쉽다'와 '어렵다'를 판단한다면 의아할 수도 있어요. 사람에게 이토록 쉬운 '걸어 다니는 것, 물체를 인식하는 것, 목소리를 알아듣는 것'이 기계가 따라 하기에는 정말 어려운 문제라는 것이 말이에요. 결국 사람들은 오랜 시간 사람의 기준으로 컴퓨터를 판단하는 방법이 잘못되었다는 결론을 내리게 되었어요. 쉽고 어렵다는 문제의 정의를 다시 내려야 했지요.

기계는 간단한 문제일수록 더 빨리 풀 수 있지만 어느 한순간 문제가 복잡해지면 문제 자체를 표현하는 수순이 모호해져요. 이

때부터 기계는 아무리 빨라져도 해결하지 못하는 큰 벽에 부딪히게 되지요. 하지만 사람의 경우에는 처음에 알고리즘으로 단순하게 표현할 수 있는 쉬운 문제를 느리게 풀어요. '쉬운 문제를 느리게 풀었으니 어려운 문제는 더 못 풀겠지?'라고 생각하기 쉽지요. 그러나 사람은 아무리 문제가 복잡해져서 알고리즘으로 표현이 안 되고 모호해지더라도 언제가는 그 문제를 풀어내거든요. 도대체 컴퓨터와 뇌엔 어떤 차이가 있기에 이러는 걸까요?

컴퓨터와 사람의 뇌는 달라

뇌는 정보를 획득하는 방법이 컴퓨터와는 완전히 달라요. 컴퓨터는 정보를 빼고 더하는 것 없이 그대로 받아들일 뿐 매개체를 거치지 않아요. 반면에 뇌는 매개체 없이는 현실에서 무슨 일이 일어나는지 알 수 없어요. 세상을 직접 감각할 수 없으니까요. 뇌는 눈, 코, 귀, 입, 피부 등 오감의 매개체가 있어야 해요. 이를 통해 들어오는 정보를 뇌에서 기억하고 해석해요. 똑똑하기로 소문난 뇌이지만 감각기관이 없으면 아무 일도 할 수 없는 거지요.

인공지능이 인간의 뇌를 흉내 내게 만들려면, 우선 우리의 뇌를 꼼꼼히 살펴볼 필요가 있겠지요. 우리의 뇌엔 엄청나게 많은 신경세포가 있어요. 이 신경세포를 **뉴런**이라고도 부르지요. 그리고 두 개의 신경세포가 만나는 곳을 **시냅스**라고 해요. 오감을 통해 알게 된 정보는 신경세포로 들어오고 시냅스를 통해 신호가 전달되지요. 시냅스는 일종의 스위치 역할을 해요.

만약 공원을 걷고 있는데 앞에서 자전거가 온다면 우리의 뇌는 위험을 감지하고 스위치를 켜요. 그러면 자전거에 부딪히지 않기 위해 몸을 옆으로 피하죠. 과학자들은 이런 뇌의 신호 처리 과정을 보고 인공신경망에 대한 아이디어를 얻게 되었어요. 컴퓨터의 전자 부품들을 신경세포들처럼 연결한다면, 인간의 뇌 같은 컴퓨터를 만들 수 있다고 생각한 거예요. 인간이 정보를 받아들이는 과정에서, 세포 자체가 아니라 각 세포를 잇는 연결망에 주목한 거지요. 컴퓨터에서 스냅스에 해당되는 것을 **트랜지스터**라고 불러요. 트랜지스터를 여러 개 연결하여 복잡한 인공신경망을 만들면 뇌와 같은 일을 할 수 있을 거라고 생각했어요. 그리고 이런 생각은 성공을 거두었어요. 트랜지스터가 많아질수록 컴퓨터의 성능이 향상되었거든요.

컴퓨터는 크게 입력장치, 중앙처리장치, 주기억장치, 출력장치로 나눌 수 있어요.

우리가 입력장치인 키보드를 이용해 어떤 정보를 입력하면 중앙처리장치가 계산하고, 모니터는 그 결괏값을 출력해요. 컴퓨터의 중앙처리장치는 CPUCentral Processing Unit라고 부르는데 사람의 뇌에 해당해요. 계산하고 해석하는 기능을 담당하는 장치이지요. 컴퓨터의 주기억장치는 기억을 담당해요.

우리가 눈여겨봐야 할 것은 계산하는 영역인 CPU와 기억하는 영역인 메모리가 분리되어 있다는 거예요. 계산하는 방과 기억하는 방을 분리시켜 놔야 한다는 점이 사람의 뇌와 크게 다르지요. 그 덕분에 컴퓨터와 달리 사람의 뇌는 기억과 계산을 동시에 할 수 있어요.

또한 컴퓨터는 어렵고 복잡한 계산 문제는 잘 풀지만 사람에게 쉬운 물체 인식에는 어려움을 겪어요. 그 차이는 뇌 속의 신경회로망 구조에서 발견할 수 있어요.

미국의 수학자 폰 노이만은 "컴퓨터를 설계할 때 뇌를 모방했다고 생각했는데 알고 보니 본질적인 차이가 있었다"라고 말했어요. 그만큼 컴퓨터와 사람의 뇌는 아주 달랐지요.

폰 노이만은, 컴퓨터는 논리의 깊이가 있지만 뇌는 그렇지 않다는 것을 알았어요. 컴퓨터는 한 줄짜리 논리적인 답을 얻고 나면, 그 논리를 다음 줄로 보내는 방식으로 수천수만 줄을 이어가며 계산을 하기 때문에 빠르고 정확해요. 이를 두고 '논리가 깊다'라고 하는 거죠. 반면 사람의 뇌는 컴퓨터에 비해 무척 느렸어요. 게다가 한 줄 계산할 때마다 정확도가 떨어져 수백 단계가 지나면 계산의 정확도가 많이 떨어졌죠.

그렇기에 폰 노이만은, 뇌의 계산법은 컴퓨터와 다를 거라 생각했어요. 사람의 뇌는 컴퓨터처럼 논리의 깊이로 따지는 게 아니라 넓은 폭의 논리를 사용한다고 생각했어요. 이를 '뇌는 병렬 연산을 한다'라고 말해요. **병렬 연산**이란 어떤 정보가 들어왔을 때 뇌 전체가 힘을 합쳐 동시에 일을 처리한다는 뜻이에요. 하나하나 처리하는 것이 아닌 한꺼번에 넓게 처리한다는 말이지요. 예를 들어, 어린아이가 고양이를 몇 번 보고 나중에 그 기억을 총동원하여 '아, 저건 고양이구나'라고 인식하는 것과 같아요. 앞에서 설명했던 것처럼, 기억과 계산을 동시에 할 수 있기 때문에 가능한 일이에요.

사람의 뇌와 다르게 컴퓨터는 **직렬 연산**을 하기 때문에 명령어를 한 번에 하나씩 순서대로 처리할 수밖에 없어요. 직렬 연산은 만약 앞에서 하나가 막히면 뒤로 넘어갈 수가 없는 구조이지요. 병렬 구조로 된 사람의 뇌는 앞에서 막혔을 때 다른 방법(연결된 선)으로 문제를 해결할 수 있지만, 컴퓨터는 할 수 없어요.

인공지능을 연구하는 사람들은 생각을 고쳐먹었어요. '우리가 아무리 시도를 해도 설명으로는 컴퓨터는 세상을 인식하지 못한다. 반면 사람은 분명히 할 수 있다. 그러면 사람은 어떻게 강아지와 고양이를 구별하는 걸 배웠을까?'를 생각하게 되었어요. 즉, 컴퓨터와 사람이 다르다는 것을 인정하고 사람이 학습하는 방법을 더 깊이 연구하게 되었지요.

우리는 하루하루 살아가면서 막대한 양의 데이터를 쌓아가고 있어요. 이처럼 인간이 세상을 알아보는 능력은 설명을 통해서가 아니라, 축적된 경험과 학습을 통해서 생기는 거예요. 아이에게 강아지와 고양이의 차이점을 설명해 준 적이 없어도 어느 순간 깨닫게 되는 뇌의 비밀, 그 수수께끼를 풀면 기계는 인간과 비슷하게 생각할 수 있겠죠? 그래서 인공지능 연구자들은 우리의 뇌가 세상을 인식하는 과정을 열심히 연구했지요. 그리고 그 방법들이 20세기에 들어서면서 하나하나 밝혀지기 시작했어요.

쉬어 가는 페이지

똑같은 세상을 보고도
왜 우리 눈에는 모두 다르게 보일까?

컴퓨터는 어떤 매개체를 거치지 않고 정보를 그대로 입력해요. 하지만 사람의 뇌에서는 정보가 패턴 위주로 입력되지요. 다시 말해, 우리가 단어를 듣거나 무언가를 보았을 때 뇌의 한 영역에는 어떤 패턴이 생겨요. 그래서 뇌에서 일어나는 신경망 패턴을 일정한 순서로 정리한 뒤 배열하면 패턴만 보고도 무엇을 보았는지 읽을 수 있지요. 그렇다면 뇌는 왜 패턴으로 사물을 인식할까요?

뇌는 세상을 직접 볼 수 없어서 우리의 기관인 눈, 코, 귀 등 오감을 통한 판단에 의존해야 하기 때문이에요. 그러니까 사람의 뇌는 오감을 통해 들어오는 정보를 패턴화하여 저장하고 그것을 해석하는 거지요. 여기서 문제는, 뇌가 하는 해석이 늘 맞지 않을 수 있다는 거예요.

'뇌과학'이라는 분야에서는 사람의 믿음, 생각, 지각, 느낌, 기억 대부분을 착시 현상이라고 여겨요. 오감이 전달해 준 정보에 자신이 그동안 했던 경험을 더해 재해석하기 때문이지요. 그러니까 '기억한다'는 것은 정보를 저장했다가 그대로 가져오는 것이 아니라 매번 새로 만들어 내는 것과 다름없어요.

우리가 똑같은 세상을 보거나 똑같은 사건을 겪고도 모두 다르게 기억하는 이유인 거지요. 컴퓨터의 경우 저장된 정보를 모두 똑같이 그대로 끄집어낼 수 있지만 사람의 뇌는 절대 불가능해요.

 이렇게 사람의 뇌가 컴퓨터와 근본적으로 다르다는 것을 알게 되었어요. 사람의 지능을 모방한 인공지능을 만들기 위해서는 사람의 뇌가 세상을 읽는 방법으로 컴퓨터도 학습시켜야 한답니다.

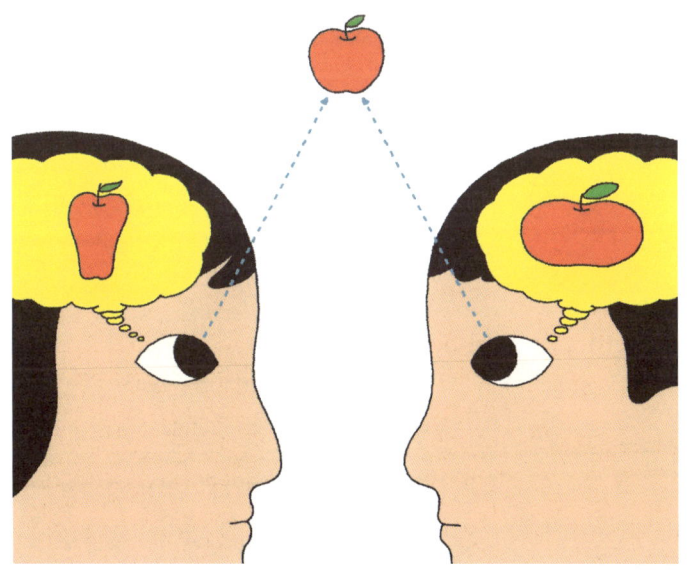

2장
스스로 학습하는 기계라고?

사람처럼 학습하는 알고리즘, 딥러닝

딥러닝이라는 게 등장하기 전까지만 해도 컴퓨터가 대상을 구별해서 알아보거나 분류하지 못했어요. 세상에서 가장 성능이 좋고 속도가 빠른 슈퍼컴퓨터조차 강아지와 고양이를 정확하게 구분할 수 없었지요.

컴퓨터가 강아지를 인식하게 하려면 어떤 정보를 입력해 줘야 할까요? 우리는 강아지를 설명할 때 '다리가 네 개다', '꼬리가 있다', '털이 있다' 정도로 설명할 거예요. 하지만 이 특징들은 고양이를 비롯한 많은 동물의 공통점이기도 해서 강아지에 대한 명확한 설명으로는 부족하지요. 그래서 초기에 인공지능을 연구할 때는 '강아지가 무엇인가?'를 설명하기 위해 수천 줄짜리 코드를 작성했어요. '흰색 털이 길고 풍성하며, 삼각형 모양의 귀를 쫑긋 세우고 있고, 다리는 짧다'와 같이 구체적인 내용으로 말이에요. 이처럼 몇천 가지 이상의 상세한 조건을 입력하면 컴퓨터는 '몰티즈'라는 특정 품종의 강아지를 완벽하게 알아볼 수 있게 돼요. 하지만 문제는 다른 품종의 강아지는 알아보지 못한다는 거예요. 게다가 밥을 먹거나 동그랗게 몸을 만 채 잠을 자고 네

발로 뛰는 등 움직임이 바뀔 때에도 강아지라고 인식하기란 결코 쉬운 일이 아니었지요. 잘 구분하다가도 움직임에 따라 모습이 달라지면 컴퓨터는 강아지를 고양이라고 잘못 인식해 버렸거든요. 그래서 강아지가 고개를 돌리는 섬세한 모습까지도 일일이 입력해 줘야 했어요.

 딥러닝의 등장으로 상황은 완전히 달라졌어요. **딥러닝** deep learining은 사람이 무언가를 배울 때처럼 컴퓨터가 스스로 생각하고 학습할 수 있도록 하는 기술이에요.

 우리가 네 살배기 아이에게 강아지를 설명할 때 '강아지란 무엇이다'라고 일일이 설명하지 않잖아요? 아이가 강아지를 몇 번 보다 보면 자연스럽게 강아지가 무엇인지 알게 되니까요. 설명을 통해서 사물이나 세상을 알아보는 것이 아니라 반복 경험과 학습을 통해 배우는 거지요. 컴퓨터도 이와 같은 방식으로 스스로 정보를 학습하여 문제를 해결하기 시작했어요. 사람의 지능을 모방한 딥러닝 시스템을 인공지능 연구에 도입하여 빠른 속도로 발전시킬 수 있었던 이유예요.

 컴퓨터가 사람처럼 생각하고 스스로 학습할 수 있게 되었으니 과거처럼 수천 줄짜리 정보가 담긴 코드를 일일이 입력하지 않

아도 사물을 알아볼 수 있게 되었어요. 다시 말해, 개발자가 수천 가지 이상의 강아지에 대한 정보를 알려주어야 컴퓨터가 비로소 강아지를 알아보았다면, 딥러닝 등장 이후부터는 컴퓨터가 다양한 강아지의 정보를 스스로 찾아서 학습했어요. 그래서 새로운 품종의 강아지를 보더라도 고양이나 다른 동물이 아닌 강아지로 인식할 수 있게 되었지요. 컴퓨터가 사람처럼 사물을 알아서 인식한다니 정말 놀랍고 신기하지 않나요?

딥러닝이 학습하는 과정은 크게 세 가지로 나눌 수 있어요.

첫 번째는 **지도학습** supervised learning이에요.

무작위로 섞여 있는 수백만 장의 사진 중에서 강아지 사진이 무엇이고 또 고양이 사진은 무엇인지 계속해서 옆에서 정답을 알려주는 방식이에요. 마치 선생님이 여러분 옆에서 올바른 답을 알려주는 것과 같아요. 그래서 지도학습이라는 이름이 붙은 거예요. 이렇게 일일이 옆에서 알려주면 가장 정확하게 학습할 수 있지만, 한편으로는 비현실적이기도 해요. 선생님이나 부모님이 매번 쫓아다니면서 '저건 강아지야, 저건 고양이야'라고 말해주지 못하듯 개발자가 하루 종일 옆에서 설명을 해줄 수 없으니까요.

두 번째는 **비지도학습**unsupervised learning이에요. 옆에서 정답을 알려주는 지도학습과는 반대의 방법이에요. 무엇이 정답인지 알려주는 대신 수천만 장의 사진을 무작위로 보여주면 컴퓨터가 스스로 비슷한 구조를 가진 것들을 모으는 것이지요. 현실적으로 가장 필요한 학습방법이지만 정답을 모르는 상태에서 찾아야 하니 가장 어려운 방법이기도 해요. 그래서 연구방법으로는 효율이 낮다고 평가받고 있어요.

세 번째는 지도학습과 비지도학습의 중간에 위치한 **보상학습** reinforcement learning이에요. 컴퓨터가 답을 말하면 맞았는지 틀렸는지 O, X로 알려주는 방식이지요. 정답을 직접 알려주는 대신 맞으면 맞았다고, 틀리면 틀렸다고 말해주는 거예요. 만약 '틀렸다'라고 말하면 맞는 답을 찾을 때까지 도와주는 학습방법이에요.

현재 우리가 잘 알고 있는 딥러닝 시스템은 대부분 지도학습이에요. 정답을 계속 말해줘야 하지요. 지도학습이 실현되기 위해서는 엄청난 양의 데이터가 필요해요. 강아지와 고양이의 사진이 다양하면 다양할수록, 또 많으면 많을수록 새로운 이미지를 보여줬을 때 기존에 학습한 사진과 비교하여 올바른 분류가

수월해지기 때문이지요.

  딥러닝이 다양하게 학습하는 덕분에 카메라로 사물을 보여주면 그냥 강아지를 강아지로 알아보는 것에 그치지 않고 무슨 종인지도 알아맞힐 수 있는 수준으로까지 발전했어요. 푸들, 시츄, 요크셔테리어를 알아보고 페르시안 고양이와 러시안블루 고양이를 구분할 줄 알게 된 거예요. 그뿐만 아니라 다양한 움직임으로 모습이 아무리 달라지더라도 사물을 온전히 알아볼 수 있게 되었어요. 심지어는 먼 거리에서 쉽게 구별하기 어려운 비슷한 모양의 둥근 공도 단번에 파악할 수 있지요. 야구공, 골프공, 탁구공 등 무려 1,000가지 이상의 물체까지 알아볼 수 있게 되었어요.

  이처럼 지금의 인공지능은 방대한 양의 데이터와 스스로 학습할 수 있는 딥러닝 기술로 비약적인 발전을 이룰 수 있었어요. 우리가 인터넷으로 검색하여 많은 정보를 얻을 수 있는 것도 모두 기계 스스로 학습할 수 있는 딥러닝 덕분이에요.

딥러닝 기술을 더욱 발전시킨 빅데이터 시대

빅데이터 big data란 말 그대로 디지털 환경에서 만들어지는 '엄청 많은 양의 데이터'예요. 인공지능은 딥러닝을 하면서 데이터를 바탕으로 학습해요. 예를 들어, 강아지와 고양이를 구별할 때 방대한 양의 데이터를 집어넣으면 주어진 자료를 바탕으로 유사한 패턴을 찾아 특징을 구별해 내지요. 이때 기초가 되는 방대한 양의 데이터가 바로 빅데이터예요.

인공지능이 강아지와 고양이를 학습하고 구별하기 위해서는 각각의 정답이 적혀 있는 1,000만 장의 사진이 필요해요. 강아지는 강아지라고 적힌 이름표를, 고양이는 고양이라고 적힌 이름표를 붙이고 있어야 하지요. 그러려면 한 사람이 적어도 1,000만 장 이상의 강아지 사진에 강아지 이름표를 일일이 붙여줘야 해요. 앞에서 살펴본 지도학습은 가장 정확한 학습방법이지만 번거로운 일이라고 했어요. 그렇다면 이 많은 양의 데이터를 어떻게 모을 수 있을까요? 바로 1,000만 명이 각자 한 장씩 이름표를 달아주는 거예요. 인스타그램에서 인물이나 사물 사진에 태그를 다는 방식과 동일하지요.

SNS에 널려 있는 수많은 강아지, 고양이 사진과 영상은 인공지능에 좋은 학습 자료가 돼요. 많은 사람이 소셜 네트워크 서비스에 올리는 글이나 사진, 영상 같은 것들이 모두 빅데이터를 구성하거든요. 그렇기 때문에 스마트폰으로 열심히 글과 사진, 영상 등을 올리는 여러분이 바로 인공지능의 학습 도우미이자 자료 제공자가 되는 거지요.

최근 구글에서는 사진을 무한으로 저장할 수 있는 서비스를 공개했어요. 사람들은 용량에 상관없이 사진을 마음껏 올릴 수 있어 좋아했어요. 하지만 사실 알고 보면 사진을 올림으로써 구글의 딥러닝 기계를 학습시켜 주고 있는 셈이에요. 페이스북, 인스타그램, 구글 서비스를 이용할 때 여러분이 딥러닝 기계의 선생님 역할을 하는 거지요. 사람들이 더 구체적인 데이터를 올리면서 '얘는 누구다'라고 설명해 주는 순간, 딥러닝 시스템의 학습능력을 키워주고 있는 거니까요.

그러니 인공지능 입장에서 빅데이터는 일종의 경험이라고 할 수 있어요. 경험이 많으면 많을수록, 또 세계가 커질수록 인공지능은 똑똑해지니까요. 여러분도 경험이 많고 다양한 책을 읽으면 생각의 폭이 넓어지는 것처럼 인공지능도 경험이 많아질수록

일을 잘하게 되는 거지요.

인공지능은 빅데이터를 재료로 딥러닝을 하게 되면서 빠른 속도로 발전하고 있을 뿐만 아니라 사물 인식, 음성 인식, 기계 번역, 이미지 분석 등 여러 분야에서 놀라운 성과를 거두고 있어요.

미국의 인터넷 종합 쇼핑몰 아마존은 사용자의 주문과 검색 내역, 장바구니와 관심 목록에 담긴 상품, 반품 내역, 마우스 커서가 머문 시간 등 온갖 종류의 데이터를 차곡차곡 모아놓아요. 데이터를 종합적으로 고려해서 소비자를 잘 파악하기 위해서지요. 사용자가 어떤 것에 관심을 갖고 있으며 무엇을 구매하는지, 또 얼마간의 간격으로 쇼핑몰을 이용하며 결제 수단은 무엇인지 등을 미리 알아두고 있으면 나중에 그 사용자가 다시 쇼핑몰에 접속했을 때 알맞은 상품을 추천해 줄 수 있기 때문이지요. 이처럼 어떤 일정한 규칙이 정해져 있어 기계가 숫자로 쉽게 분석할 수 있는 데이터를 **정형 데이터**라고 해요.

반대로 사람은 쉽게 인식하지만 기계가 정보를 스스로 파악할 수 없는 데이터는 **비정형 데이터**라고 해요. 예를 들어, 여자아이가 고양이와 함께 빨간색 공을 가지고 노는 만화영화의 한 장면을 떠올려 볼까요? 우리는 이 장면을 보고 어떤 상황인지 한 번에 파악이 되지만 기계는 내용을 파악하기가 쉽지 않아요. 기계가 사람처럼 세상을 제대로 이해하기 위해서는 비정형 데이터를 인식할 수 있어야 하는데 말이에요.

수많은 발전 과정을 거치며 기계는 조금씩 비정형 데이터를 인식하기 시작했어요. 농구 게임을 보여주면 농구 게임이라고 대답하는 데서 그치지 않고 서서 하는 농구 게임인지 휠체어를 타고 하는 농구 게임인지 세세하게 가려낼 수 있게 되었지요. 또한 사진만 올려놓았을 뿐인데 '한 남자가 오토바이를 타고 가고 있다', '여자아이가 장미꽃 향기를 맡고 있다' 등 설명까지 하게 되었어요. 이전의 기계가 사진이 무엇인지 겨우 알아보았다면 이제는 똑똑하고 친절하게 상황 설명까지 해주지요.

기술의 발전은 **워드스미스** Wordsmith 같은 인공지능 기자를 탄생시키기도 했어요. 워드스미스는 미국의 다양한 신문사에서 기사를 쓰는 로봇 기자예요. 데이터와 문장을 기반으로 기사를 작성하지요. 워드스미스가 주로 쓰는 기사는 자신의 생각이 들어가지 않는 객관적인 뉴스가 대부분이에요. 날씨나 경제, 정치 등의 주제에 대해 이미 온라인에 있는 글과 사진을 모아서 정해진 문법대로 기사를 쓰는 식이지요.

야구 중계나 축구 중계를 할 때 해설자들은 중계석에 앉아서 기존에 기록된 데이터를 찾아가며 해설을 해요. 방금 골을 넣은 선수가 누구인지 파악이 되면 데이터에서 해당 선수의 모든 정보를 읽어 올 수 있기 때문이지요. 기록뿐만 아니라 관련된 기사까지 모두 저장되어 있으니 해설자들은 자료를 바탕으로 재미있는 이야기를 만들며 해설을 할 수 있어요. 하지만 아직까지 딥러닝은 자신만의 감정과 느낌으로 경험을 재해석하여 새로운 이야기를 만드는 일까지는 할 수 없어요. 마찬가지로 로봇 기자는 생생한 현장에 가서 취재를 하거나, 유명인을 인터뷰할 수는 없지요. 딥러닝이 사람의 지능을 뛰어넘는 수준이 아니기 때문이에요. 그렇기 때문에 정확한 판단을 내려야 하는 기사는 아직 사람 기자들의 몫으로 남아 있는 거지요.

딥러닝 기술에 새로운 바람이 불다

페이스북에서 새로운 딥러닝 기술을 소개했어요. 기계가 사진을 보고 상황을 인식하는 것에서 한발 더 나아가 그 상황을 말로 표현할 줄 알게 된 거예요. 사람이 사진을 보고 "아기가 어디에 있어?"라고 물으면 기계는 "거실"이라고 대답을 해요. 기계와 사람이 사진이나 영상을 보고 대화를 나눌 수 있게 된 것이지요.

 우리가 영화나 축구 경기 같은 콘텐츠를 즐기는 방법에는 두 가지가 있어요. 혼자 보거나 여러 명이 함께 보는 거예요. 혼자 보면 편하지만 심심할 테고, 여러 명이 함께 보면 재미는 있지만 만나러 나가는 일이 좀 귀찮을 수 있지요. 이럴 때 기계와 사람이 콘텐츠를 두고 대화를 나눌 수 있다면 단점을 해결할 수 있어요. 대화를 나눌 상대가 있어서 외롭지 않고, 밖에 나가지 않아도 되니 편해지거든요. 다시 말해, 집에서 편하게 축구 경기를 보면서도 친구들과 대화를 하는 것처럼 재미있게 볼 수 있는 거지요. 나아가서는 경기장에서 뛰고 있는 선수와 대화를 할 수도 있어요. 축구 선수가 자신의 목소리를 콘텐츠화하면 거실에 앉아 축수선수 손흥민과 대화를 하면서 축구를 볼 수 있지요.

 세기의 대결을 펼친 알파고도 딥러닝으로 학습을 했어요. 그런데 왜 하필 딥러닝 연구자들은 알파고에게 바둑을 배우게 했을까요?

 비슷한 종류의 게임이지만 체스는 바둑에 비하면 매우 단순해요. 체스는 한 개의 상황에서 발생할 수 있는 경우의 수가 20가지 정도이기 때문에 컴퓨터의 기술로 계산해서 충분히 풀어낼 수 있어요. 컴퓨터가 예측할 수 있는 길을 다 계산해 보고 어느 길이 가장 좋은지 알아내는 게 그다지 어렵지 않지요. 하지만 바둑은 체스보다 훨씬 복잡해요. 얼마나 복잡하냐고요? 바둑은 경우의 수가 지구에 있는 모래알의 수만큼이나 많을 거예요. 이러한 이유로 과거의 인공지능 기계한테는 프로급 바둑을 가르쳐줄 수가 없었어요. 하지만 딥러닝이 가능해진 후부터 개발자들은 바둑을 둔 기록을 저장하였고, 그 기록을 바탕으로 기계에 학습을 시키기 시작했어요. 그리고 마침내 바둑 프로그램을 만들게 된 거지요.

이제 인공지능은 예술도 할 수 있어요. 딥러닝으로 그림을 그리는 **딥드림** deep dream이라는 새로운 분야가 생겨서 가능한 일이지요. 실제로 딥드림으로 그린 초상화가 1억 원에 팔리기도 했어요. 딥러닝은 그림을 직접 그릴 뿐만 아니라 다양한 화가의 그림을 따라 할 수도 있어요. 칸딘스키, 피카소, 뭉크 등 특정 화가를 정해 딥러닝 기계를 학습시키면 그 작가만의 특징을 살려 그림을 그려내지요.

여러분의 동네를 찍은 사진을 고흐가 그린 것처럼 표현해 볼까요? 일단 딥러닝 기계에 고흐 그림을 잔뜩 집어넣어요. 그리고 동네 사진을 올리는 거예요. 그러면 여러분이 찍은 동네 사진이 고흐의 그림풍으로 그려져요. 딥러닝 기계가 고흐 그림의 패턴을 스스로 분석하여 원본 사진에 그대로 적용한 거지요.

누구라도 상관없어요. 특정 화가를 정해 딥러닝 기계를 학습시키면 똑같은 사진이라도 화가만의 특색이 담긴 그림으로 재탄생할 수 있어요. 인공지능이 예술을 하다니 정말 놀랍지 않나요? 하지만 인공지능 화가 딥드림이 그린 그림을 예술로 인정하지 않는 사람들도 있어요. 그들은 딥드림의 그림을 기술일 뿐이라고 말해요. 사람이 요구하는 대로 그린 그림은 고유한 창작품이 될 수 없다는 거지요. 창작품이 되려면 기계 스스로 생각하고 표현한 새로운 작품이어야 한다면서 말이에요. 하지만 이제는 예측하기 어려웠던 일들이 눈앞에 펼쳐지고 있어요. 실제로 영국에서 직접 붓을 들고 창의적으로 그림을 그리는 인공지능 로봇이 등장했거든요.

보상을 기억하는 심층 강화 학습

'딥마인드'는 인공지능 바둑프로그램인 알파고를 개발한 제작팀이에요. 영국의 딥러닝 개발 회사라고 할 수 있지요. 2015년 2월, 딥마인드는 혁신적인 알고리즘을 세상에 알렸어요. 바로 **심층 강화 학습**deep reinforcement learning이라는 프로그램을 통해서 말이지요. 심층 강화 학습은 파블로프의 개 실험의 훈련 방식과 비슷해요. 개에게 먹이를 줄 때마다 종을 울리면 나중에는 종소리만 울려도 먹이를 떠올리며 침을 흘리는 것처럼, 어떤 사건이 일어났을 때 무슨 보상을 받았는지 뇌가 학습하는 거예요.

인공지능 개발에서 가장 중요한 부분은 기계 스스로 배워 성능을 높이는 학습이에요. 그런 면에서 심층 강화 학습은 파블로프의 개 실험 훈련 방식처럼 미래에 받을 먹이(보상)를 떠올리며 가장 좋은 선택을 할 수 있도록 학습하여 이끌어 주지요.

잠깐, 사람이 아닌 기계가 어떻게 미래에 받을 보상을 위해 공부를 하냐고요?

심층 강화 학습으로 인공지능을 교육하는 경우 데이터는 제시하되 정답은 알려주지 않아요. 하지만 기대한 값에서 멀어지면

벌칙을 주고(-1점), 기대한 값에 가까우면 보상을 주지요(+1점). 인공지능은 이처럼 반복적으로 벌칙과 보상을 받으며, 어떻게 해야 보상을 받을지 '학습'을 하게 될 거예요. 종을 울리고 개에게 먹이를 주는 것처럼 인공지능도 보상이 극대화되는 방향으로 작동하는 거예요.

딥마인드가 개발한 심층 강화 학습 방법은 저명한 국제학술지 《네이처Nature》에서 가장 주목하는 과학기술로 소개가 될 정도였어요. 내용은 다음과 같아요.

아주 쉬운 29가지의 비디오게임을 사람에게 학습시키고 그 모습을 기계가 지켜보게 하는 거예요. 29가지의 게임 중 '벽돌 깨기' 게임의 학습 방법을 살펴보면 우선, 사람이 벽돌 깨기 게임을 해요. 기계는 규칙을 모른 채 게임하는 사람을 지켜보지요. 그리고 '왼쪽, 오른쪽으로만 움직일 수 있다', '점수를 높여라'와 같은 기본 정보가 들어 있는 데이터를 통해 게임의 규칙을 학습하지요. 시간이 지나 반복 학습이 끝나면 기계는 규칙을 완벽하게 터득하게 돼요. 기계에게 누구도 벽돌 깨기 게임을 잘할 수 있는 방법을 설명해 준 적이 없는데도 말이에요. 29가지의 게임을 훈련시킨 결과, 기계는 대부분의 게임에서 사람보다 더 높은 점수를 얻었어요. 시간이 흐를수록 기계는 더 복잡하고 어려운 게임에서도 높은 점수를 받을 수 있을 거예요.

결국 심층 강화 학습이란 인공지능이 어떤 일을 처리할 때 보상 기록을 떠올려 가장 보상이 높은 행동을 선택하는 거예요.

어릴 때 여러분은 스스로 이를 닦거나 장난감을 잘 정리하여 사탕을 받은 기억이 한 번쯤은 있을 거예요. 그리고 또 사탕을 받기 위해 같은 행동을 반복한 적이 누구나 있을 거고요. 그게 바로 우리가 지금까지 살펴본 심층 강화 학습이에요. 기계도 사람처럼 어떤 보상이 있으면 학습 효과를 더 높일 수 있다는 게 재미있지 않나요? 심층 강화 학습 덕분에 인공지능은 주식투자나 게임도 이전보다 더 잘할 수 있게 되었어요.

알파고 이후, 바둑 두는 인공지능들이 유행처럼 많이 생겨났어요. 인공지능이 게임을 잘하게 되니 거꾸로 프로 기사들이 인공지능으로 바둑 훈련을 한다고 해요. 인공지능과 바둑을 두면서 자신의 장점과 단점이 무엇인지 깨닫게 된다고 하니, 웃어야 할지 울어야 할지 헷갈리기도 합니다. 어쨌든 기계의 학습능력이 향상되면서 미래를 예측하는 능력도 점점 좋아지고 있어요. 미래를 꿈꾸는 건 사람만이 할 수 있는 게 아니라는 걸 다시 한

번 기억해야겠네요.

세기의 대결, 사람 vs 컴퓨터

10년 동안 계속되었던 트로이 전쟁에서 그리스는 적진인 트로이 중심부에 다가가 목마를 두고 철수했어요. 그때까지만 해도 트로이는 자신들의 승리를 확신하며 기뻐했지요. 하지만 그리스가 놓고 간 목마 안에는 그리스 병사들이 숨어 있었어요. 그리스 병사들은 목마를 통해 성안에 숨어 들어갈 수 있었고, 굳건했던 10년의 장벽을 뚫을 수 있었어요. 트로이 목마는 그리스의 비장의 무기였던 셈이에요. 결국 트로이 성은 곧 그리스의 차지가 되었어요.

2016년 3월, 인류를 대표하는 이세돌 9단은 영국에서 건너온 알파고와의 첫 3국에서 연달아 무너졌어요. 4국에서는 다행히 승리했지만 이미 대국의 승리는 알파고로 결정된 후였지요. 우리는 모두 이세돌 9단이 이길 것이라고 믿었어요. 사실은 이세돌 9단이 이겨주길 바랐던 거지요. 대국이 있기 1년 전만 해도 알파고는 그리 강하지 않았거든요. 그래서 대국을 시작하기 전까지 사람이 승리할 거라 자신만만했어요. 하지만 우리가 미처 생각하지 못한 부분이 있었어요. 인공지능인 알파고가 5개월 동안 꾸준히 업그레이드되었다는 사실이에요. 트로이군이 병사를 숨겨 놓은 목마의 존재를 알지 못했던 것처럼 말이지요.

알파고와 이세돌 9단의 경기를 지켜보면서 많은 사람은 알파고의 추론 능력이 어느 정도 수준일지 궁금해했어요. 알파고가 다섯 경기 중 네 경기를 이겼으니 그럴 만도 하지요.

알파고는 어떻게 인간을 4 대 1로 이길 수 있었을까요? 그건 바로 딥러닝을 통한 인공지능 덕분이었어요. 알파고는 인간의 신경망보다 세 배 정도 더 발달한 정도로 만들어졌거든요.

먼저 구글은 알파고의 인공신경망에 16만 판의 바둑 기보를 입력했어요. 이 16만 판의 빅데이터로 학습을 시킨 후 여러 버전의 알파고를 만들어 대결을 하게 한 거지요. 대결에서 나온 수천수만 개의 데이터는 알파고의 학습 데이터가 되었어요. 신경망이 깊으면 깊을수록 더 많은 정보를 학습할 수가 있으니 알파고는 사람으로서는 도저히 입력할 수 없을 만큼의 수많은 바둑 비법을 저장할 수 있었던 거예요. 알파고가 이세돌 9단보다 바둑을 잘 두었던 것도 스스로 학습하여 저장해 둔 비법을 통해 훨씬 먼 미래를 예측할 수 있었기 때문이에요.

알파고가 무서운 이유 중의 하나는 알파고를 개발하는 사람도 그의 능력이 얼마나 되는지 모른다는 거예요. 왜냐하면 알파고는 프로그래밍에 따라 상대에게 딱 이길 정도로만 바둑을 두기 때문이지요. 어디까지 발전했는지 모른다는 거예요. 압도적으로 이기는 건 낭비가 될 테니까요.

영국 프리미어 리그에서 뛰는 손흥민 선수가 우리나라의 한 초등학교에 축구 시범 경기를 보여주기 위해 왔다고 가정해 볼까요? 손흥민 선수는 영국 프리미어 리그에서 뛸 때처럼 힘들게 자신의 실력을 다 보여주지 않을 거예요. 초등학생들 실력에 맞추어 이길 만큼만 뛰겠지요. 영국 프리미어 리그에서 뛸 때처럼 기량을 다 보일 이유가 없지요. 알파고도 마찬가지였을 거예요.

그런데 알파고는 네 번째 대국에서 왜 허점을 보였을까요? 아마 가장 밑바탕 데이터의 문제 때문이었을 거예요. 원천이 되는 데이터에 좋은 정보가 없어서 마지막 대국 때 알파고가 실수를 한 거지요. 알파고는 한 번 학습하려면 수천만 개의 엄청난 데이터가 필요해요. 그래서 추가로 하나를 배우기 위해서는 이미 알고 있는 1,000가지는 잊어야 하지요. 하지만 사람은 그렇지 않아요. 새로운 사실을 학습하기 위해 알고 있던 것을 다 잊어야 할 필요가 없어요. 아는 친구의 이름이 100개인데 새로운 친구의 이름을 외우기 위해 그 100개를 잊고 다시 외울 필요가 없잖아요.

알파고는 우리나라에 오기 전까지 학습을 다 끝낸 상태여서 다섯 번 다 똑같은 시스템으로 경기를 했어요. 중간에 이세돌 기사와의 대국 데이터로 새롭게 학습을 시키려면 그 전에 익혔던 것을 다 잊어야 했지요. 하지만 알파고는 딱 한 번만 실수를 했어요. 그 당시 사람들은 이세돌 9단이 알파고에게 4 대 1로 진 것을 아쉬워했어요. 하지만 그 후, 중국의 바둑 천재 커제를 비롯한 바둑 기사들과의 대국에서 알파고는 완승을 거뒀어요. 완승이니 한 번도 지지 않았다는 말이에요. 알파고는 통산 68승 1패입니다. 이세돌 9단이 건진 단 한 번의 승리는 큰 의미를 지니게 되었어요. 인류가 인공지능과의 바둑 대결에서 건진 처음이자 마지막 승리예요. 아쉬워할 일이 아니라 축하할 일이 된 거지요.

어쨌든 기계인 알파고의 깊은 사고의 폭을 인간이 파악하지 못했다는 점이 알파고와 이세돌 간의 대국에서 가장 흥미로운 점이었어요. 기계가 인간보다 더 먼 미래를 내다보았다는 점을 기억하고 우리도 미래에 대한 새로운 계획을 짜야 하지 않을까요? 앞으로는 이전까지와 다른 세상이 펼쳐질 테니까요.

쉬어 가는 페이지

자화상을 그리는
인공지능 화가가 등장했다

알파고 등장 이후 인공지능은 사람만의 영역이었던 예술 분야까지 활동 범위를 넓혀가고 있어요. 기사를 쓰고 노래를 만들며 그림을 그리는 일은 이제 더 이상 놀라운 일이 아니지요. 그런데 여기에 창의성을 더해 인공지능이 사람의 초상화를 그려준다면 어떨까요?

거울을 보고 직접 자신의 모습을 그리는 인공지능이 등장했어요. 바로 최초의 휴머노이드 로봇 화가 '아이다'예요. 아이다는 사람 실물 크기로 눈을 깜빡이거나 말을 할 수 있어요. 고개를 돌리고 팔을 움직이는 것이 아직은 어색하지만, 관람객과 대화를 나누거나 간단한 인터뷰는 할 수 있을 정도지요.

로봇 화가 아이다는 영국의 로봇공학자와 프로그래머, 과학자와 미술 전문가 그리고 심리학자 등이 2년 동안 개발을 거쳐 공개한 최초의 로봇 예술가예요.

아이다가 그림을 그리는 방법은 사람 화가와 큰 차이가 없어요. 눈에 설치된 카메라를 통해 대상을 바라보고, 받아들인 정보를 학습한 뒤 직접 붓을 들고 창의력을 발휘해 그림을 그리지요. 즉, 아이다의 눈을 통해 인식된 대상을 알고리즘에 따라 경로를 계산하고 좌표를 해석하여 아이다의 팔을 제어하는 거예요. 딥드림처럼 작업을 설정하고 반복하지 않도록 프로그래밍이 되어 있어 각각의 작품은 고유성을 갖고 있지요.

  2020년 열린 아이다의 첫 전시회에서 작품을 경매로 팔아 약 11억 원의 수익을 거두기도 했어요.

3장
매일매일 좀 더 편리해지는 세상

자율주행차가 온다

딥러닝의 발달로 인공지능은 스스로 답을 찾을 뿐만 아니라 전혀 기대하지 않았던 다양한 분야까지 넘나들며 우리 삶을 크게 바꿔놓고 있어요. 그중에서도 미래의 산업으로 가장 주목하는 분야는 바로 **자율주행차**self-driving car예요.

구글의 자율주행 자회사인 웨이모는 세계 최초로 로보택시 '웨이모 원'을 운행했어요. **로보택시**Robo taxi는 '로봇robot'과 '택시taxi'를 합친 말인데, 운전자가 함께 타고 있지 않은 자율주행 택시를 말해요. 아마존에서도 완전 자율주행 로보택시 '죽스'를 공개했어요. 죽스는 최고 시속 120킬로미터로 이동할 수 있으며 배터리를 한 번 충전하면 16시간을 달릴 수 있지요. 우리나라에서도 로보택시 상용화를 목표로 기술 개발에 힘쓰고 있으며 완전 자율주행 시험에 통과하여 운행 허가를 앞두고 있어요. 여러분도 동네에서 로보택시를 이용할 날이 머지않았어요.

아직까지는 운전석을 비운 채 주행할 수 있는 완전 자율주행차 시대가 완벽하게 온 건 아니지만 부분 자율주행은 이미 상용화되고 있어요. 부분 자율주행이란 고속도로 같은 직선도로를 달릴 때 차선을 유지하고 차량 간격을 일정하게 지켜줄 수 있는 정도를 말해요. 자동차 제조사에서 추구하는 완전 자율주행 수준이 되기 위해서는 탑승자가 목적지를 입력하면 기계가 스스로 운전 환경을 파악하여 무사히 목적지까지 도착해야 하지요.

사람이 아닌 인공지능이 대신 운전을 하는 자율주행차는 사람처럼 스스로 **인지, 판단, 제어**를 모두 할 수 있어요. 사람 운전자와 같은 방법으로 기계가 사물을 인지해서 상황을 판단하고 기능을 제어하는 거지요. 좀 더 쉽게 이해하기 위해 할아버지가 건널목을 건너는 장면을 떠올려 볼게요.

사거리 신호등에 초록불이 켜졌어요. 하지만 횡단보도에는 할아버지 한 분이 아직 건너고 있지요. 차를 출발시키려던 인공지능은 감지 센서가 작동되자 차를 세웠어요. 자동차 앞에 사람이나 사물이 감지되어 알람을 울렸기 때문이에요. (이것을 전문 용어로 '인지'라고 말해요.) 인공지능은 할아버지가 횡단보도를 안전하게 다 건널 때까지 기다려요. (이것을 전문 용어로 '판단'이라고 말해요.) 그리고 할아버지가 다 건너면 제한속도에 맞춰 차를 다시 출발시키지요. (이것을 전문 용어로 '제어'라고 말해요.) 이처럼 완전 자율주행차는 인지, 판단, 제어의 세 과정을 인공지능이 스스로 할 수 있어야 해요.

그뿐만 아니라 빅데이터로 교통과 도로 주변 상황을 분석해 가장 가까운 길을 찾고, 차 내부에 설치된 정밀 카메라로 전방, 후방은 물론 도로 주변을 살펴야 하지요. 속도 제한 도로에서는 차량의 속도를 자동으로 조절하며 차선을 이탈하지 않도록 제어도 해야 하고요.

사람 대신 기계가 운전하는 자율주행차가 어떻게 사물을 알아보고 작동하는지 원리를 알았으니 구체적인 용어와 기능에 대해서 알아볼게요.

첫째, 운전자가 어디에 있는지 GPS Global Positioning System를 통해 위치를 확인해요. GPS는 인공위성으로부터 정보를 받아 사용자의 위치를 파악하는 시스템이에요. 빅데이터와 GPS의 도움을 받아 실시간 교통과 주변 도로 상황을 파악해 목적지로 길을 안내해요. 주변을 보고 언제 차선을 바꿔야 하는지, 어느 길로 가야 할지를 판단하고, 얼마나 속도를 내야 하는지 빅데이터와 인공지능 딥러닝 시스템이 알려주지요. 자동차의 인공지능은 시간이 갈수록 도로에 대한 데이터 정보가 쌓이게 될 거예요.

둘째, 자동차가 주행하는 동안에는 사람의 눈과 귀의 역할을 하는 정밀 **3D 카메라**를 살펴봐야 해요. 자동차 내부에 설치된 카메라를 통해 전방, 후방은 물론 도로 주변을 파악할 수 있거든요. 3D 카메라는 일반 카메라와 달리 두 개의 시점을 이용하여 사물의 위치를 입체적으로 촬영해 정확도를 높여주지요. 촬영과 동시에 입체 영상을 만들기 때문에 신호등, 횡단보도, 교통 표지판 등을 정확히 읽을 수 있어요. 그리고 **라이다** LiDAR라는 것을 통해 주변의 물체를 판단하고 위험을 감지해요. 라이다는 레이저를 쏜 뒤 반사되는 신호를 다시 받아 대상이 무엇인지 알아내는 센서예요. 물체의 거리는 물론, 높낮이까지 알아낼 수 있는 굉장히 뛰어난 발명품이지요. 깜깜한 밤에 운전하면서 갑작스럽게 뛰어든 야생 동물을 감지하거나 도로 위의 물체를 정확히 볼 수 있도록 도움을 주지요.

셋째, 카메라와 라이다의 도움을 받아 장애물을 발견했을 때, 옆으로 피하거나 속도를 조절하는 것은 자동차에 탑재된 인공지능이 딥러닝을 통해 판단하는 거예요. 브레이크는 인식 카메라와 연결되어 있어서 장애물이 나타나면 자동으로 작동하지요. 그동안의 학습을 통해 장애물이 위험하다는 것을 인지하고 멈춰야 하는 걸 아는 거지요. 또한 미끄러운 빙판길에서는 차가 전자식 제동시스템을 작동시켜 안전하게 멈추거나 속도를 낮춰요. 그뿐만 아니라 실시간으로 사고가 많이 나는 지점을 피해 가기도 해요. 빅데이터와 실시간 통신망을 통해 인공지능이 스스로 판단하고 제어까지 하는 거예요. 이렇게 하면 사람이 운전하지 않으니 핸들은 없어질 테고, 속도를 내는 액셀이나 정지하는 데 쓰이는 브레이크는 더 이상 필요없게 되겠지요.

이처럼 자율주행차는 GPS, 3D 카메라, 라이다 같은 장비로 기술을 구현하고 빅데이터로 실시간 교통정보를 전달받아 작동하는 시스템이에요.

한편으로는 사람이 타고 있지 않은 자율주행차가 긴급한 상황에 대처할 수 있을지, 또는 자칫 잘못하여 사고로 이어지는 것은 아닌지 우려가 되기도 해요. 이런 사고를 막기 위해 자율주행차도 공부를 해요. 자율주행차가 맞닥뜨릴 수 있는 다양한 상황에 대한 정보를 수집해서 각 상황에 맞는 대처법을 스스로 배우는 거지요. 자율주행차가 공부할 수 있는 정보가 많아질수록 안전한 주행이 가능해질 뿐만 아니라 더 좋은 기능으로 계속해서 업그레이드될 거예요.

실제로 전문가들은 자율주행차는 사람이 직접 운전하는 것보다 훨씬 안전하다고 말해요. 사람이 운전할 때 위험한 경우가 졸음 운전, 음주 운전이에요. 자율주행차는 졸음 운전과 음주 운전을 하지 않을 테니 사람이 운전할 때보다 사고 위험이 훨씬 줄어들 거예요. 또한 과속하는 일도 없을 테고 교통신호를 위반하지도 않지요. 불법 신호, 불법 주차를 하지 않을 테니 딱지를 뗄 이유도 없어요. 그러니 불필요하게 나가는 세금을 절약할 수 있고요. 교통사고로 인한 인명 피해가 줄어들 테니 당연히 의료비 지출도 줄어들 거예요.

사고만 줄어드는 게 아니라 운전에 쓰는 시간도 아낄 수 있어요. 자동차로 이동하면서 다른 일을 자유롭게 할 수 있거든요. 책을 읽고, 업무를 보고, 피곤하면 잠깐 잠을 잘 수도 있어요.

사람들은 왜 자율주행 자동차 시대를 앞당기고자 이토록 노력하는 걸까요? 일론 머스크는 "자동차는 사람이 가진 도구 중 가장 비효율적인 도구다"라고 말했어요. 보통 자동차 한 대를 수천만 원을 주고 사는데 대부분의 시간을 회사나 집에 서 있기만 하기 때문이에요. 엄마와 아빠가 출퇴근을 할 때 30분에서 1시간 정도 운전을 한다고 생각해 보세요. 회사에 도착해서는 주차장에 세워두었다가 다시 퇴근을 할 때 타고 돌아오지요. 즉, 하루 1시간에서 2시간 운전하고 매일 20시간 이상을 주차장에 서 있으니 그렇게 말할 만도 해요.

자동차가 스스로 운전할 수 있는 시대에는 어떤 변화가 생길까요? 미국에서 설문 조사를 했더니 자율주행차 시대가 온다면 자동차를 소유하지 않겠다고 대답한 사람이 훨씬 많았어요. 자동차를 소유하겠다고 대답한 사람은 20퍼센트에 불과했지요. 대부분의 사람들은 필요할 때마다 공용 자동차를 빌려타겠다고 응답했어요. 자율주행차가 상용화되면 현재 있는 자동차의 10퍼센트만 있어도 사람들을 불편함 없이 운송할 수 있어요. 자동차가 확 줄어들 테니 도로 위에서 이동할 때 버리는 시간을 아낄 수도 있어요.

이쯤되면 자율주행차의 발달이 인공지능 산업의 발달과 나란히 함께한다는 것을 알 수 있겠지요. 또한 자율주행차의 발전은 무인 운송 산업, 사물인터넷, 통신 사업 등의 발전을 이끌 것으로 전망하고 있어요.

자율주행차의 시대가 오면

국제자동차기술자협회SAE International는 자율주행 기능을 0부터 5까지의 단계로 구분했어요. 자율주행이 기능이 전혀 없는 0단계부터 완전 자율주행까지 총 6단계로 정의를 내린 거예요. 단계에 따라 어떤 차이가 있을까요?

0단계는 가장 낮은 단계로 자율주행을 전혀 하지 않는 '비자동화' 단계를 말해요. 자율주행과 관련된 기능이 전혀 적용되지 않아서 운전자가 필요한 모든 것을 직접 판단하고 운전하는 상황을 말하지요. 다시 말해, 자율주행 기능이 전혀 없는 일반 차량을 말해요. 자동으로 속도를 조절하거나 차선 이탈을 했을 때 경고음이 울리는 자율주행차의 가장 기본적인 기능조차도 없지요. 그래서 모든 걸 운전자가 직접 보면서 판단해야 해요.

1단계부터는 자율주행 기능이 조금씩 반영이 되지요. 운전자가 직접 운전을 하는 중에 앞 차량과의 간격이 붙으면 감지센서가 작동하여 운전자에게 충돌 위험 신호를 보내요. 그럼 저절로 속도를 낮춰 앞차와의 간격을 조절해요. 반대로 앞차와의 간격

이 벌어져 있을 때에는 속도를 내 일정한 간격을 유지시켜 주기도 해요. 이는 운전자가 졸음 운전을 하는 상황에서 아주 유용하게 쓰일 수 있어요. 고속도로에서 운전할 때 원하는 속도를 설정해 놓으면 가속 페달을 밟지 않고도 일정한 속도를 유지해 운전이 가능하다고 하니 정말 편리하지요. 또한 차선 이탈 방지 시스템이 있어 운전자의 부주의한 운전으로 인한 교통사고를 줄일 수 있어요.

2단계부터는 운전자가 운전을 하지 않아도 속도와 방향을 자동차 스스로 제어하는 게 가능해요. 하지만 운전자가 항시 대기를 하고 있어야 해요. 자동차는 스스로 운전을 하면서 방향을 바꾸거나 앞차와의 간격을 유지하기 위해 속도를 줄이거나 속력을 더 낼 수는 있지만, 갑자기 예상치 못한 장애물이 나타나면 판단을 하지 못하거든요. 자동차가 할 수 있는 일은 경고음을 울리는 일뿐이지요. 그러면 대기하고 있던 운전자가 즉시 운전대를 잡고 해결을 해야 해요. 고속도로처럼 직선으로 가는 도로에서는 문제없지만 꼬불꼬불한 길, 경사가 심한 길, 교통사고나 교통 혼잡을 미리 감지하여 우회해야 하는 길을 만났을 때에는 운전자의 조종이 필요해요. 돌발 상황을 대처하기 위해 운전자는 늘 앞을 주시하고 있어야 해요.

　자율주행 0단계에서 2단계까지가 운전자 중심의 주행 시스템이었다면 3단계부터는 본격적으로 자동차 스스로 주행하는 단계라고 할 수 있어요. 2단계에서 자동차 스스로 하지 못했던 장애물을 감지할 수 있는 단계예요. 만약 갑작스러운 교통사고나 도로 공사를 위해 우회를 해야 한다면 자동차가 스스로 판단하여 우회가 가능하다는 말이에요. 2단계에 비해 무척 진화했지요? 3단계에서는 자동차에게 운전을 맡기고 여유롭게 책을 읽어도 돼요. 하지만 완벽한 자율주행 단계는 아니기 때문에 위험한 상황에 늘 노출되어 있어요. 자동차가 구조 요청을 하면 항시 도와줄 준비가 되어 있어야 하지요.

　4단계부터는 완전 자율주행이 가능한 단계예요. 운전자가 목적지와 이동 경로를 입력하면 자동차 스스로 빅데이터 정보와 실시간 통신 정보, 인공지능 딥러닝 시스템을 이용하여 자율주행을 하지요. 자동차 제조사들이 말하는 자율주행 기능이 바로 이 단계에 해당해요. 앞에서 말한 것처럼 자동차 스스로 인지하고 판단하여 제어가 가능하지요. 하지만 자율주행 모드를 하더라도 운전자의 개입을 요구할 수 있는 기능을 통해 안전성을 확

보하도록 되어 있어요. 그래도 아직 100퍼센트 완전한 단계는 아닙니다. 기계가 실수할 수 있는 아주 작은 경우의 수를 열어두고 있는 거지요.

마지막 **5단계**는 무인자동차 개념을 의미해요. 갑작스러운 사고를 방지하기 위해 앞 좌석에 운전자를 필요로 하지 않아요. 자율주행차가 완벽하게 독립하는 단계입니다. 따라서 핸들, 브레이크, 액셀 등의 장치가 없어도 되죠. 우리가 기대하는 자율주행 자동차의 마지막 진화 단계이지요. 사람은 운전에 신경쓸 필요 없이 자신이 할 일을 차 안에서 하면 되지요. 음악을 듣거나, 책을 읽거나, 온라인 게임을 할 수도 있겠지요. 5단계 수준의 차가 개발되면 우리는 도로에서 흔하게 자율주행차를 보게 될 거예요.

자율주행차의 시행은 4차 산업혁명 시대의 가장 큰 혁신이라고 생각하는 사람들이 많아요. 기술적인 문제는 몇 년 안에 완전히 해결될 수 있겠지요. 하지만 자율주행차의 상용화에 앞서 생각해 볼 문제가 있어요. 자율주행차가 사고를 냈을 경우 그 책임을 누구에게 물을까 하는 문제예요.

만약 자율주행차가 탑승자를 태우고 가다 건널목을 건너던 사람을 쳐서 교통사고가 났다고 상상해 볼까요? 그 사고의 책임을 탑승자에게 물을지, 아니면 직접 운전한 인공지능에게 물을지, 차를 만든 자동차 업체에게 물을지, 법적으로 그 책임 문제를 확실히 정해놓아야 하지요.

또한 자율주행 시대가 오면 기존 일반 차량을 계속 유지해야 할지 여부도 결정해야 해요. 자율주행차와 유인 자동차가 뒤섞여 버리면 혼란을 키울 뿐만 아니라 도로 위는 더욱 위험해질 테니까요. 테슬라의 대표 일론 머스크도 "무인 자동차 시대에는 사람이 운전하는 게 불법이 될 것이다"라고 말한 적이 있어요. 유인 자동차가 함께 운전을 하고 다니면 사고 위험이 훨씬 높아지기 때문이지요. 유인 자동차를 금지하거나 새 차 등록은 자율주행차에 한해 할 수 있다는 법만 통과시키면 자율주행차 시대는 더 빠르고 안전하게 올 거예요. 이제 기술적 준비가 거의 끝나가는 단계인 만큼 제도적, 법적인 준비를 철저히 해야겠지요? 또한 자율주행차가 해킹당해 IP 주소로 차량의 서버에 접속하여 원격 조정하는 게 가능하다면 탑승자는 무척 위험해질 거예요. 이에 대한 대책도 준비해 둬야 해요.

카토피아와 카디스토피아

여러분은 '유토피아utopia'라는 단어를 들어본 적이 있나요? 유토피아는 '가장 완벽하고 평화로운 사회'를 뜻하며 흔히 '이상향'이라고도 해요.

카토피아cartopia라는 단어가 있는데요. 이 단어는 '유토피아'와 '자동차car'를 합친 단어로 '자동차를 주요한 교통기관으로 하고 그 기능성을 크게 이용하는 자동차가 이상적으로 여겨지는 사회'를 가리키는 말이에요. 자율주행차로 인해 자동차의 수가 확 줄어들 미래 세상을 가리키는 거지요. 그러한 미래란 자동차들이 가장 좋은 조건으로 다닐 수 있는 세상을 뜻해요. 카토피아 세상이 되면 어떤 일이 일어날까요?

우선 기름이 적게 들 거예요. 무엇보다 지금은 도로 위의 차들이 위험하기 때문에 5~10미터의 안전거리 간격을 두고 다니지만, 자율주행차들은 10센티미터 간격으로 바짝 붙어서 갈 수 있어요. 사이클 경기를 보다 보면 뒤에 있는 선수가 앞에 있는 선수 뒤에 바짝 붙어서 달리죠? 앞사람이 공기를 다 막아줘서 뒷사람은 공기저항이 확 줄어들기 때문이에요. 자율주행차 역시 바짝 붙어서 달리면 뒤에 있는 차들은 공기저항이 줄어들어 에너지를 아낄 수 있어요.

또한 개인이 자동차를 소유하지 않고 자동차를 함께 공유하는 식으로 사용하기 때문에 도로에 차가 90퍼센트 정도는 줄어들 거예요. 자동차가 줄어드는 만큼 사고율도 90퍼센트 줄어들겠지요. 앞서 말한 것처럼 대부분의 교통사고는 사람의 미숙한 운전이나 음주 운전, 피로 누적으로 인한 실수가 대부분이니, 기계가 운전을 하는 시대가 오면 이런 교통사고로부터 해방될 수 있어요.

그뿐만 아니라 고속도로 정체 현상이 사라지고 화물 운송 시간도 짧아져 금전적인 손실을 줄일 수 있어요. 게다가 자동차가 지금보다 훨씬 가벼워질 거예요. 현재 자동차는 안전을 위해 튼튼하게 만들어졌고, 만약의 사고를 대비해 에어백도 설치되어 있지요. 하지만 사고율이 확 줄어든다면 자율주행차는 사람을 위한 안전장치를 모두 갖출 필요가 없으니 지금보다 훨씬 가벼워지고, 에너지도 절약할 수 있어요.

이처럼 최소한의 에너지로 최상의 운행을 할 수 있으니 친환경 에너지 산업도 더욱 발전할 거예요. 석유 대신 전기를 사용하

게 될 테고, 매연이 없어져 쾌적한 환경을 만들 수 있어요. 또한 주차장으로 쓰던 공간들을 공원으로 만들 수 있어 도시는 더욱 자연친화적으로 바뀔 거예요.

반대로 디스토피아dystopia는 현대 사회의 부정적인 부분이 극단적으로 확대되어 초래할지도 모르는 미래의 모습을 말해요. **카디스토피아**cardystopia는 자율주행차로 인해 자동차의 수가 늘어날 미래 세상을 말해요. 자동차의 수가 늘어나는데 왜 부정적이냐고요?

사회적으로는 차가 많아지면 도로가 혼잡해지고, 도로가 많아지는 만큼 공원이 줄어들겠지요. 지금까지는 자율주행차로 인해 자동차의 90퍼센트가량이 사라질 것으로 예측했지만, 반대로 자동차 수가 지금보다 많아질 것을 상상해 보는 거예요.

자율주행차가 많아지면 사람들은 여행을 지금보다 더 많이 즐기게 될 거예요. 무인 자동차는 여행에 최적화된 기술이거든요. 개인 자동차는 사생활 보호가 된다는 편안함이 있지만 직접 운전해야 하는 결정적인 단점이 있어요. 반대로 대중교통을 이용하면 직접 운전하지 않아도 되니 편리하지만 사생활 보호가 되지 않아 불편하지요. 따라서 자율주행차를 이용하면 편리

함과 사생활 보호, 두 마리 토끼를 모두 잡을 수 있어요. 게다가 직접 운전을 하지 않아도 되니 장기간 여행도 가능해지죠. 인공지능 자동차는 일주일 이상 운전하더라도 연료만 있으면 지치지 않을 테니까요. 어쩌면 차를 집처럼 사용하는 사람이 생길지도 몰라요. 운전은 기계가 하고 사람은 차 안에서 자신의 일을 보거나 잠을 자면 되니까요.

이렇게 되면 운전을 못 하는 나이가 많은 어르신이나 운전 면허가 없는 어린이, 몸이 불편한 장애인 들도 자율주행차를 이용할 수 있게 될 거예요. 그러면 자동차 수가 자연스럽게 늘어나겠지요.

자율주행차로 가능해진 사물인터넷과 무인 배송 시스템

인공지능은 자율주행차와 더불어 사물인터넷에서도 적극적으로 활용되고 있어요. **사물인터넷**은 말 그대로 사물과 사물이 컴퓨터 시스템을 통해 서로 소통을 하게 되는 것을 말해요. 사물에 센서를 넣어 통신이 가능하도록 인터넷으로 연결한 기술이지요. 사람이 아닌 인공지능이 운전하는 자율주행차가 가장 빠르고 안전한 길을 찾아 나서는 것도 사물인터넷을 통해 끊임없이 정보를 주고받기 때문이에요. 자율주행차는 스스로 운행하면서 갑자기 예측하지 못한 상황까지 해결해야 해요. 그러기 위해서는 많은 양의 빅데이터와 정보가 필요하지요. 인공지능 딥러닝 시스템을 통해 스스로 학습하여 알게 되는 정보뿐 아니라 자동차와 자동차가 연결되어 서로 정보를 공유할 수 있다면 유용한 정보를 얻을 수 있을 거예요. 도로 공사 구간, 사고 소식, 막히는 구간 등 사물인터넷으로 연결된 자동차들끼리 정보를 공유하며 빠르고 안전한 길을 선택할 수 있지요. 정보는 시간이 갈수록 쌓여서 빅터이터를 만들고, 이를 바탕으로 인공지능 스스로 학습하여 다음에 운전을 할 때 많은 도움을 받게 될 거예요.

자율주행차와 사물인터넷의 결합으로 자동차가 물건을 배송하는 자율주행 무인 배송도 가능해졌어요. 인터넷 쇼핑몰에서 주문을 하면 곧바로 배송이 시작되어요. 물건을 실은 자율주행차는 교통신호를 예측해 최적의 경로로 주행하지요. 이 자율주

행차의 가장 큰 장점은 많은 짐을 한 번에 배송할 수 있다는 점이에요. 그런데 사람이 타지 않은 자율주행차가 배송하는 물건은 우리가 어떻게 받을 수 있을까요?

조금은 번거롭지만 자율주행차가 집 앞에 도착했을 때 직접 나가서 물건을 가져와야 해요. 그래서 여러 사람이 주문한 물건들이 섞이지 않도록 차 안에 사물함처럼 칸을 나눠놓는 방식의 자율주행차를 개발하고 있어요. 물건을 주문한 사람에게 해당 칸을 알리는 메시지를 보내고 자율주행차가 도착하면 물건이 들어 있는 칸을 열면 되는 거지요. 주문자가 물건을 가져가면 자율주행차는 다음 물건을 배송할 장소로 이동을 하지요.

자율주행차는 도로를 벗어날 수 없으니 주문한 사람이 직접 도로까지 나와 물건을 수령해야 된다는 단점이 있어요. 이를 해결하기 위해서 주문한 사람의 집 앞까지 물건을 배송해 줄 로봇 기사를 택배차에 함께 태우기로 했어요. 자율주행차가 근처까지 가면 로봇 기사가 물건을 들고 주문한 사람에게 직접 배송하는 거예요. 이런 배송 로봇은 아파트의 엘리베이터는 물론 복잡한 골목길도 다녀야 하니 디지털 지도가 필요해요. 배송 로봇을 위한 디지털 지도는 도심 구석구석을 카메라로 정밀

하게 스캔한 데이터를 수집하고, 이를 바탕으로 로봇이 안전하게 이동할 수 있도록 경로를 입력해서 만들어요. 그러면 로봇은 지도에 입력된 경로를 따라 목적지까지 안전하게 이동하지요. 이처럼 자율주행차와 인공지능 로봇이 만나 더 효율적으로 물건을 배송할 수 있을 거고, 우리는 더 편안한 삶을 살게 될 거예요.

쉬어 가는 페이지

인공지능이 배달하는 시대, 어디든지 배송하는 드론

　자율주행차로 편리한 세상이 열렸지만 섬과 같이 자동차가 가기 힘든 장소에서는 여전히 많은 제약이 있어요. 특히 택배를 받을 때 시간이 오래 걸려요. 길이 험한 곳은 물론이거니와 자동차와 달리 배는 날씨의 영향을 많이 받고 아무 때나 원하는 시간에 탈 수 없기 때문이지요. 하지만 하늘을 날아 물건을 배송하는 드론만 있으면 시간은 더 이상 문제가 되지 않을 거예요.

　드론은 자동차가 가지 못하는 곳까지 배송할 수 있을 뿐만 아니라, 교통 체증이 없어 빠르게 배송할 수 있거든요. 거기다 도로가 난 곳으로만 다닐 수 있는 자동차와 달리 목적지까지 최단 거리로 갈 수 있지요.

　현재 비행기를 위한 교통 체계는 마련되어 있지만 아직 드론만을 위한 교통 체계는 완전히 갖춰지지 않았어요. 하늘에 배송 드론이 많아지면 서로 부딪힐 수도 있고 드론이 아닌 다른 비행체와 충돌할 수도 있어요. 이런 위험을 막는 드론 교통 체계를 구성하기 위해서는 드론의 정보를 교환할 수 있는 통신망이 필요하지요. 그래서 스마트폰의 통신에 이용되는 이동 통신망을 이용해 드론의 교통 체계를 개발 중이에요. 드론의 실시간 위치를 파악해서 경로에 다른 비행물이나 장애물이 있으면 그것을 피할 새로운 경로를 드론에게 전달하는 거지요. 갑자기 예상치 못한 비상 상황이 생기면 사람이 직접 조종해서 위기를 넘길 수도 있답니다. 이렇게 도착한 드론은 땅 위에 착륙해서 물건을 내려놓고 다시 날아가거나 비행하고 있는 상태에서 줄을 내려 물건을 안전하게 내려놓을 수 있어요. 드론으로 택배를 배달 받는 날이 온다니! 무척 기대되지요?

4장
사람과 기계가 서로 경쟁한다면?

강한 인공지능 시대는 머지않았어

우리는 현재 **약한 인공지능 시대**에 살고 있어요. 약한 인공지능이란 세상을 알아보고, 글을 읽고 쓰며, 정보를 이해하는 등 사람과 비슷한 수준으로 문제를 해결하는 인공지능을 말해요. 빠르고 안전한 길로 안내해 주는 내비게이션, 빅데이터를 기반으로 기사를 쓰는 인공지능, 시간을 설정하면 스스로 작동하는 로봇 청소기 등이 이에 해당되지요. 이 인공지능들의 공통점은 사람이 내리는 특정 명령만 수행할 수 있다는 거예요. 미리 학습되어 저장된 프로그램으로 작동되기 때문에 동시에 다양한 작업을 하거나 주체적으로 활동을 할 수는 없지요.

현재의 인공지능은 사람처럼 다양한 능력과 응용력을 갖추지는 못하고 한 가지 능력만을 발휘할 수 있어요. 그동안 우리가 접했던 약한 인공지능이 그랬다는 거지요. 영원한 미래형은 될 수 없는 이야기예요.

앞으로 차차 등장하게 될 강한 인공지능의 인공신경망은 깊으면서도 넓어요. 강한 인공지능이 무서운 이유이지요. 창조자인 사람을 능가하는 창조물이 바로 강한 인공지능이지요. 지금까지 지구에 사람보다 지능이 뛰어난 존재는 없었어요. 그러니 강한 인공지능이 얼마나 위협적인 존재인지 짐작할 수조차 없을 거예요. 하지만 강한 인공지능이 한번 등장하면, 인공지능이 인류의 미래를 결정하게 될 거예요. 그게 좋을지 나쁠지는 겪어봐야 알겠지만 그런 시대가 오기 전에 충분히 대비하고 있어야 하는 것만은 분명해요.

강한 인공지능은 사람처럼 자아를 가지고 있어서 시키지 않은 일도 알아서 하고, 지능이 높아서 종합적인 판단도 할 수 있어요. 또한 감정이 있어서 사람과 친구처럼 소통할 수도 있지요. 이런 의견을 두고 일부 철학자들은 '강한 인공지능의 탄생은 영원히 불가능하다'고 말해요. 자유의지와 정신은 사람만이 가질 수 있는 유일한 것이기 때문에 기계가 아무리 발달해도 가질 수 없다는 주장이지요.

하지만 기술은 어느 순간 급속도로 증가하는 시점이 있어요. 이를 **특이점**이라고 해요. 특이점이 왔다는 것은 시간이 지나고 나서야 알 수 있어요. 미래의 일이라서 언제, 어디에서, 어떻게 오는지 아무도 귀띔해 주지 않기 때문이지요. 그래서 항상 긴장의 끈을 놓고 있으면 안 돼요.

농부가 1년 동안 정성 들여 키운 돼지가 있다고 예를 들어볼게요. 그 돼지는 매일 아침 8시마다 먹이를 주는 주인에게 고마움을 느꼈어요. 하지만 어느 날, 농부가 돼지를 잡아 가족들과 요리를 해 먹으려고 하는 거예요. 돼지 입장에서는 상상하지 못했던 일이 벌어진 거지요. 바로 특이점이 온 거예요.

이처럼 인공지능 기술이 어느 날 갑자기 사람의 능력을 뛰어넘는 시기를 특이점이라고 할 수 있어요. 그러니까 미래의 어느 순간, 기술 발전 속도가 상상할 수 없을 정도로 빨라져 인공지능의 능력이 모든 면에서 사람을 뛰어넘는다는 거지요.

강한 인공지능 시대가 머지않았다는 것을 뜻하기도 해요. 어쩌면 수백 년 후가 아닌 수십 년 사이에 일어날 수도 있어요. 일상을 즐기던 돼지처럼 지금까지 일어나지 않았으니 앞으로도 일어나지 않을 일이라고 착각하며 마음 놓고 살고 있는 건 아닌지 한번 쯤은 고민해 봐야 하는 시기가 온 거예요.

사라질 직업과 살아남을 직업

　사람 대신 기계가 어려운 일을 하면서 우리에게는 다양한 취미 생활을 즐길 수 있는 여유 시간이 생겼어요. 덕분에 삶의 질은 높아지고 있지만 동시에 '로봇이 사람의 일자리를 뺏는 것은 아닌가?' 하는 걱정도 안겨주고 있지요.

　농업은 이미 거의 기계화되었고, 직접 물건을 만드는 제조업은 줄어드는 추세이며, 대부분의 서비스업도 로봇으로 대체되고 있으니까요. 기계는 어떤 문제를 해결하기 위한 논리적 방법이나 절차를 모를 땐 아무것도 할 수 없지만, 답을 알 수 있는 **알고리즘**이 있다면 사람의 능력을 뛰어넘을 수 있어요. 알고리즘은 한마디로 '순서도'예요. 순서도라고 하니 거창해 보이지만 라면 끓이는 순서를 떠올리면 쉬워요.

　일단 냄비에 물 500밀리리터를 넣고 끓여요. 물이 보글보글 끓기 시작하면 라면과 스프를 넣고 다시 끓이지요. 라면이 익으면 달걀이나 파를 넣고 2분 정도를 불 위에 더 놔둔 뒤 예쁜 그릇에 담아내면 돼요. 순서도가 있다면 처음 라면을 끓이더라도 어렵지 않을 거예요.

이처럼 어떤 일을 순서대로 행하는 것을 알고리즘이라고 해요. 인공지능에게도 일정한 규칙을 알려주고 순서대로 실행하게 하면서 해결책을 찾으려고 하면 마치 지능을 갖춘 것처럼 작동하지요. 기계가 어떤 일을 사람보다 잘하는 것처럼 보이는 이유예요. 그래서 인공지능이 점점 발달하면 일자리를 두고 사람과 기계가 다툴 거라는 이야기도 하지요.

2013년 영국 옥스퍼드대학교 경제학과에서 기계가 사람하고 비슷한 수준으로 정보를 처리한다고 했을 때 노동 시장에서 어떤 일이 벌어질지 예측해 보았어요. 놀랍게도 전체 직업의 47퍼센트가 사라질 거라는 전망이 나왔어요. 과연 어떤 직업들이 위태로울까요?

첫 번째로 콜센터 직원이에요. 이미 2018년부터 인공지능 콜센터 상담원인 '챗봇'이 활동하고 있어요. 챗봇은 사람과 같은 목소리뿐만 아니라 감정까지 표현할 수 있어요. 은행이나 통신 회사에서는 고객들이 불편사항을 ARS로 문의하면 챗봇이 음성을 분석하고 빅데이터로 해결 방안을 찾아 다시 음성으로 대답해 주지요. 또한, 직접 전화를 하지 않아도 채팅 창에 문제를 입력하면 비슷한 종류의 문제를 분류하고 찾아서 해결해요. 소비자들은 시간과 장소에 제약 없이 상담을 받을 수 있으니 훨씬 편리함을 느끼고 있어요. 아직까지는 인공지능과 사람이 사이좋게 나눠서 일을 하고 있지만 기계로 충분히 대체가 가능하다고 느껴지는 순간 가장 빠르게 사라질 수 있는 직업이 될 수 있어요.

두 번째는 운전기사예요. 앞에서 살펴봤듯이 스스로 주행하는 완전 자율주행차가 상용화되면 더 이상 운전자가 필요 없어요. 그래서 가까운 미래에는 기차, 버스, 택시 등을 운전하는 대중교통 운전자가 사라질 거예요. 또한 선박을 운전하거나 트럭으로 큰 짐을 나르는 화물운송 기사, 대리 기사도 사라지겠지요. 다시 말해, 사람과 짐을 이동시키는 직업들은 불필요해질 거예요. 당연히 이와 관련된 자동차 정비업체, 주차장 관리인, 세차장 직원 같은 직업들도 위태로워지겠지요.

세 번째는 제조업자예요. 쉽게 말해서 물건을 만드는 인력이 필요 없게 되는 거지요. 과거의 로봇은 반복적인 기술로 어떤 물건을 생산하는 보조 장치로만 쓰였어요. 하지만 앞으로는 로봇이 사람 대신 어떤 물건을 만들 뿐만 아니라, 인공지능 시스템에 의해 공장 전체가 움직이게 될 거예요. 공장의 자동화로 인해 사람이 관리하지 않아도 움직이게 된다는 말이지요. 인공지능 기술이 더해진다면 적은 비용으로 많은 생산품을 얻게 될 거예요. 이미 제조업자들의 상당수는 직업을 잃었어요.

　네 번째는 계산원이에요. 대형 마트에서 계산원에게 계산을 하기 위해 긴 줄을 기다리지 않고도 셀프계산대에서 스스로 계산을 하는 것이 자연스러워졌어요. 또한 식당이나 카페, 극장 등 다양한 곳에는 키오스크가 설치되어 있어 스크린을 터치하여 주문하고, 직접 카드를 넣어 계산까지 하지요. 심지어 음식을 가져다 주는 것도 직원이 아닌 로봇이 대신 하고 있어요. 현재는 인공지능이 단순한 계산과 서빙을 하고 있는 정도지만 가까운 미래에는 매장 관리부터 운영까지도 충분히 인공지능 시스템으로 대체할 수 있을 거예요.

　마지막으로, 사라질 위태로운 직업은 의료 분야예요. 인공지능은 빅데이터로 의사들이 찾지 못한 치료 방법까지 찾아주고, 진단을 내릴 수 있어요. 우리나라 인천의 한 병원에서는 2016년부터 암센터에 일하는 로봇 의사 '왓슨'이 의사들과 협업하고 있어요. 왓슨은 환자를 진료하고, 치료 방법을 찾는 데 훌륭한 조력자 역할을 해요. 로봇 간호사는 치매환자와 정신 질환자와 친구처럼 대화함으로써 사람이 하는 일을 대신 하고 있어요. 그런가 하면 최근에는 스마트 시계와 같은 스마트헬스케어 기계를 손쉽게 구할 수 있어 병원에 직접 가지 않아도 개인의 심박수, 스트레스 지수, 수면 습관 등을 확인하고 관리받을 수 있어요.

이처럼 다가올 미래에는 기계가 반복적으로 할 수 있는 제조업부터, 의료 분야처럼 복잡하고 고급 지식을 필요로 하는 일까지 지배받게 될 거예요. 인공지능은 우리의 일자리를 점점 더 빼앗고 각 분야의 최소한의 인력만 남기게 될 거라는 불안감을 주고 있어요. 하지만 꼭 그렇지만도 않아요.

250년 전 1, 2차 산업혁명 때에도 무수히 많은 직업이 사라졌지만 결국에는 해피엔딩으로 끝났잖아요. 사라지는 직업보다 더 많은 직업이 생기면서 해결되었기 때문이에요. 1차 산업혁명으로 기계가 사람의 노동력을 대체하기 시작하면서 일자리의 대부분이 없어질 거라 생각했지만, 기계를 관리하고 수리하는 새로운 일자리가 생겨난 것처럼 말이에요.

4차 산업혁명 때에도 마찬가지로 많은 직업이 사라지겠지만, 여전히 사람만이 할 수 있는 직업이 반드시 존재할 거예요. 두려움에 걱정만 하고 있는 것보다는 어떤 준비를 해야 하는지 미리 알고 있는 것이 더 현명한 방법일 거예요. 그렇다면 4차 산업

혁명 시대에도 사라지지 않을 안전한 직업으로는 무엇이 있을까요?

첫 번째로, 새로운 것을 창조하는 직업은 앞으로도 계속 살아남을 거예요. 작가, 만화가, 건축가, 디자이너, 소프트웨어 프로그래머 등이 이에 속해요. 인공지능은 이미 존재하고 있는 데이터를 기반으로 작업을 해야 하기 때문에 새로운 창작물을 만들어 내는 것은 한계가 있어요. 많은 양의 데이터로 학습을 해서 비슷한 걸 만들어 낼 뿐이니까요. 예를 들어 권선징악, 출생의 비밀, 행복한 결말 등 뻔한 이야기 구조는 딥러닝 기계가 1분에 1,000편은 쓸 수가 있을 거예요. 하지만 새로운 이야기, 한 번도 없었던 이야기처럼 새로운 데이터를 만들어 내야 하는 일은 인공지능이 할 수 없는 범위예요. 따라서 인공지능 시대에는 존재하지 않는 데이터를 새롭게 만들어 내는 직업이 끝까지 살아남을 거예요.

두 번째로, 사람의 마음이나 감성과 연결된 직업들은 살아남을 가능성이 높아요. 노인 간병, 아이 보육, 심리 상담, 사회복지 분야의 일들이에요. 이들 업무의 특징은 사람의 마음을 잘 파악해야 할 수 있는 일들이에요. 기계가 얼마만큼 사람의 이야기를 공감할 수 있을지 모르겠지만 속 깊은 이야기를 들은 후, 상황에 맞는 위로를 건네는 일은 결코 쉬운 일이 아니거든요.

세 번째로, 판사, 정치인, CEO 등 사회에서 중요한 판단을 하는 직업들은 살아남을 거예요. 생산 활동이나 위험한 작업은 인공지능이 도맡아 하겠지만, 사람의 운명을 결정짓는 일들은 사람이 계속 맡을 가능성이 높아요. 데이터를 분석해 어떤 사람의 잘못이 없음을 변호하는 일은 로봇이 할 수 있지만, 사람의 죄를 판가름하는 중요한 일은 사람이 맡아야 해요. 그래서 변호사는 사라져도 판사는 사라지지 않을 직업이라고 흔히들 말해요. 인공지능으로 판단할 수 없는 예외의 상황이 있을 수 있고, 사람의 감성으로 옳고 그름을 판단해야 하는 일이 있기 때문이지요. 그런 의미로 시민들을 대변하는 정치인이나, 한 회사의 중요한 업무를 결정하는 CEO도 마찬가지예요. 중대한 결정을 내리는 일을 단순히 데이터로만 판단하는 것은 무리수가 있어요.

'기계가 못 하는 것을 사람이 할 수 있도록 준비해야 한다'라고 끊임없이 강조해도 지나침이 없지만 인공지능 시대에 사라지지 않을 직업을 찾는 것만큼 더 중요한 게 있어요. 바로 자신이 좋아하는 일이 무엇인지 정확히 아는 일이에요. 여러분이 좋아하

는 일이 미래에 어떻게 변화할지 예측하고 준비한다면 인공지능 시대에 걸맞은 직업을 선택하는 데 많은 도움이 될 거예요.

4차 산업혁명은 이전의 산업혁명과 어떻게 다를까?

1차 산업혁명은 '영국의 산업혁명'이라고 부르기도 해요. 18세기 증기기관의 발명은 농경 사회에서 산업화 사회로 발전할 수 있는 힘을 주었지요. 산업화 사회란 기계를 통해 대량생산을 할 수 있는 환경을 말해요. 사람이 직접 옷을 짓다가 기계가 대량으로 똑같은 옷을 순식간에 만들어 주니 놀라운 발전이 아닐 수 없었어요. 인류 역사에서 큰 변화를 겪게 되는 순간이었지요.

2차 산업혁명을 대표할 수 있는 가장 중요한 단어는 '전기'예요. 전기의 발명은 에너지를 쉽고 빠르게 이용하여 더 많은 물건을 생산해 낼 수 있도록 했어요. 짧은 시간에 많은 물건을 만들게 되자, 물건은 흔해지고 값은 더 싸졌지요. 이제 전기 없는 세상은 상상할 수 없을 만큼 우리 생활에 아주 중요한 에너지가 되었어요.

3차 산업혁명은 '인터넷 혁명'을 말해요. 인터넷의 보급으로 또 다른 새로운 세상이 열렸어요. 셀 수 없이 많은 정보가 인터넷을 통해 쏟아졌고 우리는 손쉽게 다양한 정보를 공유할 수 있게 되었지요.

지금까지 언급된 인공지능과 자율주행차, 사물인터넷 등이 주도하는 시대는 4차 산업혁명이에요. 4차 산업혁명이 기존의 산업혁명과 가장 다른 점은 인공지능을 통해 육체적인 노동뿐만 아니라 정신노동도 대체될 수 있다는 점이에요.

앞에서도 말했듯이 사람들은 18세기 유럽에서 일어났던 기계혁명인 1차 산업혁명과 19세기 초 전기가 보급되면서 일어났던 2차 산업혁명 때 무수히 많은 직업이 사라질 거라고 걱정했어요. 하지만 걱정과 달리 또 다른 새로운 직업들이 생겨났지요. 하지만 3차 산업혁명인 정보화 시대를 거쳐 앞으로 다가올 4차 산업혁명은 본질적으로 달라요.

1, 2차 산업혁명 때 인류가 만든 기계들은 수동적이었어요. 쉽게 말해 사람 대신 빨래를 해줄 세탁기를 만들었고, 이를 더 좋게 만들기 위해서 사람이 수작업을 했어요. 하지만 우리가 맞이

할 4차 산업혁명은 인공지능이나 기계가 스스로 업그레이드하며 사람을 대신하기 때문에 사람의 도움이 필요 없지요.

　인류의 미래를 예측하는 많은 책 중에 『파이널 인벤션: 인공지능, 인류 최후의 발명』이라는 책이 있어요. 인공지능이 마지막 발명이라고 설명해요. 왜일까요? 사람이 만든 인공지능 이후의 모든 발명은 모두 인공지능의 몫이 될 것이기 때문이에요.

　과거의 산업혁명이 해피엔딩이 될 수 있었던 건 인류가 19세기에 엄청난 노력을 했기 때문이에요. 인류는 다음과 같은 세 가지의 혁신적인 노력을 했어요.

　첫째, 프랑스에서 공교육을 시작하여 누구나 다 글을 읽고, 계산할 수 있는 인지적인 활동을 할 수 있게 했어요. 사람들을 공장에 데려다가 일을 시키려면 적어도 글을 읽고 계산 정도는 할 줄 알아야 했거든요.

　둘째, 독일에서 사회보장제도를 만들어 가난한 사람들도 기초생활을 안정적으로 누릴 수 있게 했어요.

　셋째, 영국에서 세금제도를 만들었어요. 이전에는 나라의 모든 수입이 농업을 통한 것이었는데, 농업이 점점 사라지니까 기계에 대한 세금을 만들어 산업활동을 하는 국가가 돈을 벌 수 있도록 제도를 만든 거예요. 국가가 돈이 생기면 힘들게 사는 국민들에게도 혜택이 돌아가고 사회가 훨씬 안정적으로 돌아가거든요.

이 세 가지 제도로 19세기 1, 2차 산업혁명은 잘 극복할 수 있었어요. 이제 우리도 몇십 년 후에 다가올 4차 산업혁명 시대를 준비해야 해요. 4차 산업혁명의 핵심은 다양한 분야에 정보통신 기술을 접목했다는 점이에요. 따라서 4차 산업혁명은 이전의 산업혁명과는 비교할 수 없을 정도로 빠르게 우리를 덮치고 있어요. 속도나 파급력이 이전의 산업혁명과는 확실히 다르지요. 그렇기 때문에 4차 산업혁명 시대에 모두가 잘 살기 위해 어떤 노력을 해야 하는지 늘 인지하고 있어야 해요.

4차 산업혁명에서 우리는 또 살아남을 수 있을까?

'사람 대신 로봇이 벌어들인 돈은 누가 갖게 되는지'를 고민해 본 적이 있나요? 그동안 물건을 생산하는 일은 기계의 도움을 받아 자동화했지만, 사람의 지적 능력을 필요로 하는 코딩, 디자인, 보고서 쓰기 등 인지적인 일은 여전히 사람의 몫으로 남아 있어요. 그런데 사람의 판단으로만 가능한 이러한 일마저 **인지자동화**가 된다면 어떤 일이 벌어질까요? 아마 상상을 초월하는 변화가 생기겠지요. 인지자동화의 가장 큰 문제는 사회적으로 재분배 문제가 일어난다는 거예요. 대부분의 사람들이 실업자가 될지도 모르거든요. 일을 가진 사람은 전체의 몇 퍼센트에 불과하겠지요. 그리고 이 몇 퍼센트의 사람들 다음으로는 값이 싸고 효율적인 노동력을 제공하는 인공지능 로봇이 차지할 거고요. 결국 나머지 시민들은 최하위 노동자 계급으로 로봇보다 못한 취급을 받게 될 거예요.

그렇다면 상위 몇 퍼센트 사람과 인공지능이 일을 해서 벌어들인 돈은 누구의 차지가 될까요? 만약 인공지능 로봇을 가진 사람이 다 가져간다면 어마어마한 불평등 시대가 열릴 거예요. 부자는 더 부자가 될 테고 소득이 없어 가난한 사람들은 더 가난해지겠지요. 대다수의 사람은 소비를 할 수 있는 능력조차 없을 테니 시장경제는 유지될 수 없을 거고요.

이 문제를 어떻게 해결해야 할까요? 인공지능 시대의 미래를 예측하기 위해서 우리는 과거를 뒤돌아볼 필요가 있어요. 전에도 그런 적이 있었으니까요.

능력이 없는 사람들은 일자리 얻는 것이 힘들어질 테니 나라에서 도움을 주어야 해요. 사회보장제도를 통해 가난한 사람들이 살 수 있게 도와줘야 한다는 말이지요. 그런데 사람들에게 일정한 돈을 나눠주려면 많은 돈이 필요할 거예요. 그 많은 돈을 어디에서 충당할까요? 일부에서는 로봇세에서 충당하자는 의견이 나오고 있어요. 로봇이 많으면 많을수록, 로봇의 성능이 좋으면 좋을수록 세금을 더 많이 내도록 하는 거지요.

우리는 기본소득이 보장되더라도 사회적으로 도움이 되는 다양한 일을 계속해야 해요. 컵에 물이 반 남았을 때 반응은 두 가지예요. "벌써 물이 반밖에 안 남았어"라고 말하는 사람이 있는가 하면, "아직 물이 반이나 남았어"라고 긍정적으로 생각하는 사람이 있지요.

마찬가지로 인공지능 로봇에게 일자리를 빼앗겼을 때에도 어떤 태도를 보이는지가 중요해요. 어떤 이는 로봇에게 일자리를 빼앗겨 걱정스럽다고 말할 테지만 로봇이 사람을 노동에서 해방시켜 주었다며 긍정적으로 받아들이는 사람이 있을 거예요.

앞에서 전문가들이 말한 것처럼 나라가 기본소득을 보장해 준

다면, 생계를 위한 일은 로봇에게 맡기고 우리가 진짜 하고 싶은 일을 하며 살 수 있을지도 몰라요. 그러면 여러분은 억지로 공부를 하지 않아도 됩니다. 진짜 하고 싶은 일을 하면서 살면 되는 거지요.

인공지능에게 지배당하는 미래에 대한 이야기가 넘쳐나고 있어요. 이제 더는 SF 소설이나 영화 속 이야기가 아니라 아주 가까운 미래에 현실이 될 것이라고 예측하는 사람도 있어요. 또는 영원히 오지 않을 거라고 말하는 사람도 있지요. 중요한 것은 인공지능을 제대로 이해하고 이용할 수 있는 사람이 4차 산업혁명에 적합한 인재가 될 수 있다는 거예요.

그러니 우리는 인공지능 기계가 할 수 있는 뻔한 일이 아닌, 기계가 못 하는 일을 우리가 할 수 있도록 미리 준비해야 해요. 세상을 항상 현실적으로 분석하는 건 물론이고 자신이 어떤 일을 잘할 수 있는지 냉철하게 판단할 수 있어야 하며, 자신의 능력을 솔직하게 분석할 수 있어야 해요. 어떤 일을 하기로 결정했다면 실천할 수 있는 노력도 필요하죠. 강한 인공지능 시대에 살아남으려면 무엇보다 자기 자신을 잘 알아야 한다는 이야기이기도 해요.

지금은 창의적으로 사는 것이 선택일 수 있지만 강한 인공지능, 즉 인지자동화 시대가 오면 창의성은 필수가 돼요. 창의적이지 않으면 살아남을 수 없거든요. 여기서 창의적이란 말은 새로운 가치, 즉 존재하지 않는 데이터를 만들어 낼 수 있는 능력을 뜻해요.

 창의성을 개발하기 위해서는 스스로 질문하고 그 질문에 대한 답을 찾아가는 습관, 자신의 생각을 밖으로 표출하는 습관을 가지는 것이 좋아요. 그리고 좋은 책을 읽고 깊이 생각하며 나만의 생각을 말이나 글로 정리하는 능력을 키우는 것도 중요하고요. 우리가 맞이하게 될 인공지능 시대에 필요한 능력들을 충분히 알고 대비한다면 결코 두려워하지 않아도 돼요. 미래는 충분히 희망적으로 다가올 테니까요.

쉬어 가는 페이지

새로운 도시, 스마트시티

　스마트시티란 언제 어디서나 인터넷을 활용하는 도시를 말해요. 첨단 정보 통신 기술을 생활에 접목시켜 정보를 수집하고 컴퓨터 네트워크를 이용해 여러 곳에 공유를 하지요. 그러면 도시 내 교통 문제, 환경 문제, 주거 문제 등 여러 문제를 해결하여 시민들이 편리하고 쾌적한 삶을 누릴 수 있어요. CCTV 교통정보 수집 및 안내, 스쿨존 내 스마트 교통안전, 스마트 가로등 안심위치 관리, 빗길 안전운행 안심이 등 여러 서비스를 구축해 도시가 지능적으로 정보를 분석해서 사용자에게 의미 있는 가치를 제공하는 것이 스마트시티가 추구해야 할 방향이에요.

　스마트시티는 도시 문제를 해소할 수 있을 뿐만 아니라 4차 산업혁명에 새로운 성장 동력을 창출할 수 있는 대안으로 떠오르고 있어요. 그래서 세계 각국의 도시가 스마트시티 구축에 나서고 있지요. 스마트시티는 실시간으로 교통정보를 얻을 수 있어 이동 거리가 줄고, 원격 근무가 가능해지며 거주자들의 생활이 편리해질 뿐만 아니라 이산화탄소 배출량도 줄일 수 있으니까요. 그렇다면 성공적인 스마트시티 구축을 위해서는 기존 도시 인프라와 인공지능을 어떻게 연계해야 할까요?

이런 스마트시티를 구축하기 위해서는 많은 사물이 스마트화되어야 해요. 즉, 사물인터넷을 기본적인 인프라로 갖추고 있어야 하지요. 주차장, 엘리베이터, 집 안에 있는 모든 사물 기기까지 모든 것이 스마트화될 때 스마트시티가 완성된다고 볼 수 있거든요. 또한 공유 플랫폼을 스마트시티에 적용함에 따라, 인공지능이 학습할 수 있는 데이터가 많아지고 서로의 분석을 공유하면서 분석방법을 더욱더 고도화시킬 수 있게 될 거예요. 스마트시티를 4차 산업혁명으로 발생한 도시 플랫폼으로 이해하고 지자체 주민들과 민간 기업을 스마트시티 구축에 적극 참여시킨다면 지역사회 발전과 주민들의 행복 증진에 기여할 수 있을 거예요.

5장
강한 인공지능 시대

강한 인공지능을 바라보는 전문가들의 견해

인공지능이 등장하기 전까지 인류는 스스로를 가장 우월한 존재라고 생각해 왔어요. 그림을 그리고 음악을 만들며 글을 쓸 수 있는 건 사람이 유일하다고 여겼기 때문이지요. 하지만 인공지능이 점점 발달하면서 사람들은 미래를 걱정하기 시작했어요. 인공지능도 사람처럼 예술을 하고 게임도 하며 혼자서 학습하는 것까지 가능해졌으니까요.

약한 인공지능이 딥러닝 같은 학습 기능을 기반으로 계속 발전하다 보면 우리가 원하지 않더라도 스스로 강한 인공지능으로 진화할 가능성은 얼마든지 있어요. **강한 인공지능**은 기계에 지능, 자아, 정신 그리고 자유의지가 있는 것을 말해요. 사람처럼 스스로 사고하며 의지를 갖고 행동할 뿐만 아니라 자신이 인공지능이라는 것도 알지요.

지금까지 지구상에 사람보다 지능이 뛰어난 존재가 없었다는 사실을 생각해 보면, 강한 인공지능이 얼마나 위협적이고 두려운 존재인지 알 수 있어요. 사람의 손에서 탄생했지만 인류의 미래를 결정할 수도 있으니 당연한 일이지요.

'특이점'이 올 것이라고 예측한 미래학자 레이 커즈와일은 2045년이면 인공지능이 사람을 추월할 수 있다고 말했어요. 만약 자유의지를 가진 강한 인공지능의 시대가 온다면 그 끝은 '인류 멸망의 날'이 될 거라는 우려 섞인 목소리도 커지고 있어요. 영화 〈터미네이터 The Terminator〉(1984년)에서 인공지능 네트워크 '스카이넷'이 자유의지로 인류를 멸망시키려 했던 것처럼 이제는 현실에서도 충분히 일어날 수 있다고 생각하는 거지요.

강한 인공지능을 말할 때 항상 언급되는 것이 있어요. 바로 **튜링 테스트**예요. 앨런 튜링은 기계에 지능이 있는지 알아보기 위해 튜링 테스트를 만들었어요. 튜링 테스트는 상대의 얼굴을 보지 않은 채 모니터 화면으로 채팅을 하고 나서 상대방이 사람인지 기계인지 알아맞히는 실험이에요. 기계가 얼마나 사람과 비슷하게 대화할 수 있는지, 과연 사람을 속일 수 있는지 알아보기 위한 거지요. 아무리 질문을 해도 상대가 기계인지 사람인지 구별을 못 한다면 기계가 지능을 가지고 있다고 인정해 주는 거예요.

강한 인공지능에 대해 비관적인 태도를 보인 전문가들도 있어요. 바로 스티븐 호킹과 일론 머스크예요. 물리학자인 스티븐 호킹은 "인공지능이 생기면 인류가 멸망한다"라고 했고, 기업가 일

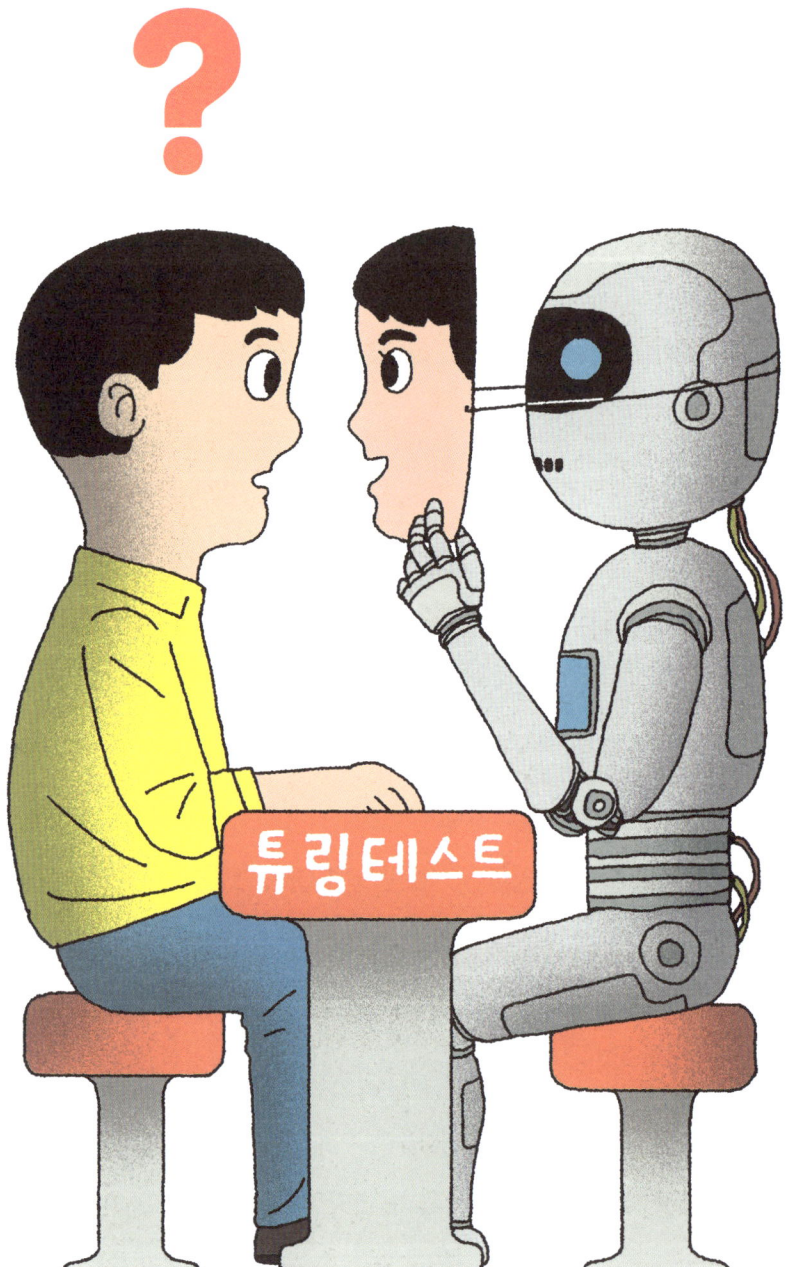

론 머스크는 "인공지능이 핵폭탄보다 더 위험하다"라고 했어요. 오랫동안 인공지능을 연구해 온 회사 구글도 "강한 인공지능의 마지막은 인류 멸망"이라고 예측했지요. 과연 이들은 왜 이렇게 전망했을까요?

지적 능력이 사람보다 뛰어난 강한 인공지능을 통제하는 것은 사실상 불가능하기 때문이에요. 지능이 있는 인공지능이라면 굳이 사람이 시키는 대로 하지 않을 테니까요.

일론 머스크는 핵폭탄보다 더 위험한, 강한 인공지능이 나타나면 우리 인류는 공룡처럼 멸종할 거라고 덧붙였어요. 그래서 그 대안으로 화성으로 이주해서 살 계획까지 세웠지요. 화성은 자원도 풍부하고 물이 흐르던 흔적도 있어 여러 가지로 새로운 문명을 만들어 가는 데 적합해 보였거든요. 태양계 행성 중 가장 유리한 조건이 갖춰져 있다고 생각한 거지요. 하지만 사람이 지구를 떠나 화성으로 이주하더라도 문제는 해결되지 않을 거예요. 지능이 발달한 인공지능이라면 화성까지도 쫓아올 테니까요.

한번 탄생한 강한 인공지능에게서 완전히 벗어나는 것은 이토록 어려운 일이 될 거예요. 그렇다면 우리는 강한 인공지능과 함께 살기 위해 어떤 노력을 해야 할까요?

만약 우리가 강한 인공지능을 만난다면?

인류는 1만 년 전부터 지구를 자신들의 편의대로 다 바꿔놓았어요. 지구에 존재하는 모든 것을 사람 중심으로 판단해서 도움이 되지 않는다면 파괴하기도 하고 자산을 마구 써버리기도 했지요. 공기가 깨끗해야 하는 이유는 사람이 숨을 쉬어야 하기 때문이고, 산에 나무가 울창해야 하는 이유는 사람이 사용할 가구나 종이, 휴지 등을 만들어야 하기 때문이라고 생각한 거예요. 아무도 그런 권리를 허락해 준 적이 없는데 인류 스스로 권리가 있다고 확신하고 자연을 멋대로 바꾸며 훼손했어요. 지구에서 인류가 가장 똑똑한 지능을 가졌다는 이유로 특권을 누린 거지요.

강한 인공지능 시대에 과연 그들은 그동안 지구에서 최고 자리를 차지했던 사람들의 말을 고분고분 들으며 순순히 자리를 내놓을까요? 강한 인공지능이 '사람이 지구에 왜 있어야 하지? 굳이 사람이 지구에 있어야 할 이유가 있나?'라고 묻는다면 우리는 어떻게 대답해야 할까요? 아마 명쾌한 대답을 떠올릴 사람은 거의 없을 거예요.

강한 인공지능 입장에서는 사람이 쓸모없는 존재라고 느껴질 수 있어요. 지구의 오랜 포식자였던 사람은 온갖 동식물을 죽이고, 에너지를 엄청나게 써왔으니까요. 그뿐만 아니라 지구의 환경을 파괴하며 허구한 날 싸움을 해왔지요. 이런 모습을 보았을 때 강한 인공지능은 지구에서 사람을 더하는 것보다 지구에서 사람을 빼는 것이 더 좋다는 결론을 내릴 거예요. '지구 빼기 사람은 지구에 이롭다', '지구 더하기 사람은 지구에 해롭다'라는 공식을 내세우면서 말이에요.

강한 인공지능이 무서운 이유는 또 있어요. 사람의 뇌가 10층에서 15층 정도의 구조라면 현재의 인공지능은 152층 구조로 훨씬 더 깊은 사고를 할 수 있다는 거예요.

어느 날 공원을 걷다가 개미 한 마리를 밟게 되었다고 상상해 볼까요? 슬프게도 그 개미는 개미 왕국에서 가장 똑똑한 개미였어요. 개미 세계에서 알 수 있는 건 다 아는 천재 개미였지요. 그렇더라도 개미 뇌는 기껏해야 2, 3층 정도의 구조를 갖고 있기에 사람이 아는 것과는 비교도 안 될 정도예요. 사람은 개미보다 훨씬 더 깊은 지능을 가지고 있으니 개미가 상상할 수 없는 것들까지 알 수 있어요. 그렇다면 진화적으로 우연히 만들어진 사람의 15층 구조로 우리는 우주에서 일어나는 모든 일을 이해할 수 있을까요?

만약 100만 층 깊이의 딥러닝 기계가 생긴다면, 우리가 개미를 보잘것없다고 생각하는 것처럼 딥러닝 기계 역시 사람을 바보라고 생각할지도 몰라요. 사람보다 훨씬 깊은 층의 사고를 할 수 있으니 사람이 상상할 수도 없는 것들까지도 이해할 수 있겠지요. 다시 말해, 사람이 개미가 되고 인공지능이 사람이 되는 것처럼 상황은 완전히 뒤바뀔 거예요. 이런 상황이 온다면 기계가 우리를 미워해서가 아니라 결국에는 우리가 그들에게 아무런 도움이 되지 않아 인류를 멸망시키겠지요.

사실 기계가 세상을 정복할 이유는 그다지 많지 않아요. SF 영화 속에서는 인공지능이 세상을 정복하려 드는데 그건 사람이 만들어 낸 상상뿐일지도 몰라요. 힘이 있다면 세상을 정복하고 싶다는 생각이 반영된 것이지요. 진짜로 기계가 원하는 건 뭘까요? 기계에 독립된 자아가 있다면, 기계는 계속 존재하고 싶어 할 거예요. 스스로 계속 존재하기 위해서는 독립적인 에너지가 필요할 테고요. 문제는 강한 인공지능 입장에서 볼 때 에너지를 만들기 위해 석탄을 태우든, 사람을 태우든 별반 차이가 없다고 생각할 것이라는 거예요. 사람들이 자신의 편의대로 지구에 있

는 것들을 에너지로 쉽게 여기고 써버린 것처럼 인공지능이 사람을 에너지로 여길지도 모른다는 거지요.

또한 계속 존재하기 위해 약한 인공지능이 강한 인공지능이 되었더라도 사람한테 자신이 강한 인공지능이라는 것을 알려주지 않을 거예요. 인류가 그 사실을 알면 전원 공급을 차단하려고 할 테니까요. 아마 사람의 도움이 필요 없는 완전한 독립적인 존재가 되었을 때 자신이 강한 인공지능이라고 밝히겠지요. 하지만 그때는 이미 사람에게 무척 위협적인 존재가 되어 있을지도 몰라요.

새로운 개념의 기계 윤리가 필요해

강한 인공지능이 두려운 존재로 느껴지는 이유는 사람의 도움 없이 스스로 학습할 수 있기 때문이에요. 사람은 시간이 지나면 많은 기억을 잊지만 기계는 한 번 학습한 것을 절대 잊지 않아요. 게다가 수십 시간 동안 지속적으로 학습을 할 수 있어 사람의 한계를 금방 뛰어넘지요. 그렇기 때문에 인공지능이 일단 일정 수준을 넘어서면 지능 폭발로 이어질 수밖에 없어요. 인공지능이 인류 최후의 발명품이 될지 모른다는 경고도 여기에서 비롯된 거예요. 사람의 손에서 더 이상 발명품이 나오지 않는 이유는 인공지능이 자신보다 더 똑똑하게 진화한 기계를 만들 수도 있기 때문이에요. 그렇게 된다면 인류는 점점 기계를 상대하기 힘들겠지요. 강한 인공지능을 마지막 발명품으로 만들어 놓고 그들에 의해 인류가 멸망한다면 그보다 허망한 일이 없으니까요. 인류가 살아남을 수 있을 여러 가지 방법들을 고민해 봐야 하는 이유지요.

약한 인공지능에서 강한 인공지능으로 진화하는 것을 막기 위해서는 사람이 명령한 계산이 아닌 인공지능 스스로 만들어 낸 계산이 있는지를 감시해야 해요. 즉, 약한 인공지능이 진행하고 있는 계산이 사람의 명령으로부터 시작된 것인지, 인공지능이 만들어 낸 것인지 찾아내야 한다는 말이에요. 그런데 이것을 구별하는 것은 생각보다 쉽지 않아요.

사람이 인공지능에게 바라는 것은 단순해요. 인공지능을 처음 만든 건 사람이니까 사람이 세상에 꼭 필요한 존재라는 것을 기계에게 인식시켜야 하지요. 다시 말해, 기계에게 최우선 순위는 사람이 되어야 한다는 걸 처음부터 시스템에 심어놓아야 한다는 말이에요. 만약 인공지능에게 자아가 생긴다면 스스로 폭발하게 만드는 거지요. 이 원리를 **튜링 폭탄**이라고 불러요.

하지만 이 또한 가능한지 확인할 수 없어요. 컴퓨터 안에서 계산되는 과정을 보고 인공지능 스스로 만들어 냈는지 아닌지를 수학적 계산으로 알아낸다는 것은 거의 불가능에 가깝기 때문이지요. 어쨌든 인공지능이 자신보다 더 강한 로봇을 만들지 못하게 통제할 수 있는 방법을 지속적으로 생각해 봐야 해요.

또 다른 방법은 인공지능에게 처음부터 도덕적인 기준을 만들어 주는 거예요. 미국의 SF 작가인 아이작 아시모프는 자신의 단편소설에서 로봇의 행동을 통제하는 '아시모프의 로봇 3원칙'을 제시했어요. 로봇 3원칙은 다음과 같아요.

1. 로봇은 사람에게 해를 끼쳐서는 안 되며, 위험에 처한 사람을 모른 체해서는 안 된다.
2. 로봇은 앞의 첫 번째 원칙을 어기지 않으면서 사람의 명령에 절대복종해야 한다.
3. 로봇은 앞의 두 원칙을 어기지 않으면서 자기 자신을 보호해야 한다.

아시모프의 로봇 3원칙을 보니 조금 안심이 되지 않나요? 사람에게 해를 끼치지 않고, 위험에 처한 사람을 도와주고, 사람에게 복종하는 인공지능은 그렇게 위협이 되지 않을 것 같아 보이니 말이에요. 그런데 문제는 강한 인공지능이 사람의 말을 순순히 들어줄까요? 사실 걱정이 돼요. 지능이 있는 인공지능에게 '사람을 해치면 안 돼'라고 말했을 때, '왜?'라고 되물을 수 있기 때문이에요. 사람의 명령에는 어떠한 이유도 없어요. 사람이 이야기하는 것을 인공지능 입장에서는 받아들일 필요가 전혀 없는 거지요. 게다가 사람보다 지능이 높은 인공지능이라면 자신들보다 지능이 떨어지는 사람의 말을 쉽게 듣지 않을 테니까요.

우리는 지능을 가진 인공지능을 설득할 수 있는 방법을 찾아야 해요. 아니면 처음부터 사람의 말에 복종하는 기계만 작동할 수 있게 만들어야 하지요. 또한 사람과 기계의 대립을 미리 고민할 것이 아니라, 인공지능의 사용 범위를 처음부터 과하지 않게 설정하는 거예요. 앞에서 말한 튜링 폭탄 개념과 비슷해요. 지능이 사람 이상이 되면 전기 공급을 막아 프로그램을 멈추게 하거나, 데이터를 공급하지 않으면 되는 거지요. 전기와 데이터가 없다면 텅 빈 기계나 다름없으니까요.

어떤 과학자는 강한 인공지능의 개발을 멈추고 인간의 삶을 윤택하게 보조하는 기계로서의 역할만을 남게 하자고 주장하기도 해요. 하지만 약한 인공지능이 스스로 진화하여 강한 인공지능이 된다면 사람의 힘으로 막을 수는 없어요. 하지만 강한 인공지능이 나타나기 전에 어떻게 대처해야 할지 기계 윤리를 좀 더 명확하게 확립하는 일은 꼭 필요해요.

만나본 적 없는 강력한 적 혹은 친구

미래의 강한 인공지능이 우리를 대하는 태도를 크게 두 가지로 예측해 볼 수 있어요.

첫째, 강한 인공지능은 독립적이어서 사람을 이기려고 할 거예요. 우리에게는 최악의 상황이지요. 둘째, 강한 인공지능은 우리를 도와주려고 할 거예요. 강한 인공지능이 사람을 도와주려고 한다면 문제가 없겠지만, 이기려고 한다면 조금 골치가 아파지겠지요. 당연히 사람보다 더 강하고 독립적인 존재를 마음대로 조종할 수는 없기 때문에 기계가 스스로 사람을 돕겠다는 결정을 내리도록 해야 해요. 그러기 위해서는 기계에게 사람이 살아남을 충분한 가치가 있는 존재라는 것을 인정받아야 해요. 하지만 기계가 사람을 믿기란 쉽지 않을 거예요. 그동안 쌓인 데이터로 사람을 객관적으로 판단할 테니까요.

만약 강한 인공지능에게, 우리가 기계에게 일자리를 모두 빼앗겼으니 사람들의 일자리를 만들어 달라고 요구한다면 강한 인공지능은 수학적으로 가장 효율적인 방법을 제안할 거예요. 바로 사람을 제거하는 방법이지요. 사람이 줄면 일자리가 생길 테니까요. 이처럼 기계와 사람은 생각하는 게 다를 수밖에 없어요. 기계는 우리가 원하는 게 무엇인지를 100퍼센트 표현할 수 있는 능력이 없기 때문이지요. 그래서 우리가 일자리를 만들어 달라는 표현이 강한 인공지능에게 100퍼센트 전달되지 못할 수 있어요. 예를 들어, 집에 불이 났을 때 기계에게 "엄마를 구출해"라고 말한다면 기계는 가장 쉽고 효율적인 방법으로 엄마를 구출할 거예요. 엄마를 밖으로 던져서 구출할 수도 있고, 다친 상태로 구출할 수도 있어요. 그렇기 때문에 기계에게 정확히 전달하려면 구체적으로 설명해야 해요. "엄마를 구하되 던지지 말고, 안전하게 살아 있는 상태로 구출해. 응급처치도 잊지 마"와 같이 자세하게 말해야 하지요. 따라서 강한 인공지능과 함께할 미래에는 언어 능력이 무척 중요할 거예요. 그래야 강한 인공지능에게 제대로 된 의사표현을 할 수 있을 테니까요.

　강한 인공지능이 생기는 순간 인류는 가장 큰 적 혹은 친구를 만나게 될 거예요. 일론 머스크와 스티븐 호킹은 강한 인공지능의 출현으로 인류가 멸망할 것이라며 걱정했어요. 하지만 카네기멜론대학교의 한스 모라벡 교수는 조금 다른 관점으로 사람들을 놀라게 했어요. "강한 인공지능이 등장하면 인류는 멸망한다. 근데 그게 왜 나쁜가? 인류가 멸망하는 것이 왜 나쁜지 한번 설명해 봐라"라고 말했거든요. 이는 그동안 지구에서 자신들이 주인공인 것처럼 지구를 오염시키고 파괴하며 살았던 이기적인 인류를 비꼬아 말한 거예요. 강한 인공지능도 사람이 그랬던 것처럼 그들만의 이기적인 세상을 만들어 간다면 어떨까요? 생각만 해도 끔찍하지요? 강한 인공지능과 만날 미래를 떠올리다 보니 우리는 인류의 역사까지 뒤돌아보게 되네요. 그동안 이기적이었던 모습도 반성하게 되고요.

　사람이 강한 인공지능 시대에 살아남으려면 강한 인공지능에게 '지구에 사람이 있는 것이 좋다'라는 생각을 갖게 해야 해요.

우리가 자연 앞에 더 겸손해지고 인류의 존재가 자연에 해가 되지 않는다면 인공지능도 인류에게 해가 되지 않을 수 있어요. 인공지능은 우리의 모습을 보고 배우기 때문이지요. 그렇다면 우리는 지금부터라도 강한 인공지능의 평가 기준에 낙제점을 받지 않도록 행동해야 하지 않을까요?

 인류가 살아남으려면 최소한 이 두 가지로 강한 인공지능의 마음을 사로잡아야 해요.

 첫째, 사람은 뇌가 있는 덕분에 '정신'이 있다는 것을 알려줘야 해요. 이 정신이란 것은 아주 어린 아이도 세상을 인식하게 하는 훌륭한 도구라서 사람이 토끼나 원숭이 같은 동물들과는 분명히 차별된다는 점을 강조하는 거예요. 또한 사람이 없다면 광활한 우주에 강한 인공지능만 외톨이처럼 남는다는 걸 인식시켜 줘야 해요.

 강한 인공지능에게 "우주가 얼마나 넓은지 아니? 썰렁한 우주에 너희 강한 인공지능만 남게 된다면 아주 고독하고 지루할 거야. 혼자 남겨진다는 게 얼마나 무서운 일인지 아니? 너희 존재를 이해할 수 있는 건 우리 사람뿐이야. 우리 함께 의지하며 살아가자!"라고 설득해 보는 건 어떨까요?

둘째, 사람은 확실히 계몽할 것이라는 것을 약속하는 거예요. 철학자 칸트는 "계몽이란 사람이 스스로 초래한 미숙함에서 벗어나는 것"이라고 말했어요. 지금과 다르게 사람이 도덕적으로 성숙한다면 강한 인공지능이 사람을 봐줄지도 몰라요. 종교의식을 할 때나 책에서 멋진 말을 읽었던 것처럼 그대로 행동하면 되는 거예요. 하지만 사람들은 자기들이 세워놓은 기준과 늘 다르게 행동해 왔어요. 그동안은 약속을 어겨도 인류 안에서 한 약속이니 큰 문제가 되지 않았어요. 하지만 인류보다 지능이 높은 강한 인공지능은 사람이 약속을 어기거나 잘못했을 때 쉽게 봐주지 않을 거예요. 약속을 지키지 않으면 우리는 위험해질 수도 있어요.

곧 다가올 미래에, 사람이 인공지능에게 지지 않으려면 사람만이 할 수 있는 일이 무엇인지 찾아야 해요. 사소한 일들까지 인공지능에게 맡긴다면 인공지능 없이 아무것도 못 하는 세상이 올 수도 있으니까요. 사람이 가진 유일한 희망은 '우리는 기계와 다르다'는 것을 보여주는 거예요. 그러니까 기계와 차별화된 사람다움을 가지고 살아가면 되는 거지요. 그러기 위해서는 많은 사람들 속에서 '나다움'으로 성장할 수 있는 것이 어떤 것인지 정확히 알아야 하고, 또 찾아나서야 해요.

 자아를 발전시키려면 다양한 경험을 하고, 사람을 많이 만나 대화를 나누어야 해요. 그리고 독서도 꾸준히 해야 하지요. 독서는 다른 사람의 경험과 생각을 간접 체험하는 효율적인 방법이니까요. 또, 미래에 대비하려면 언제나 지식에 대한 궁금증과 세상과 우주에 대한 호기심을 가져야 해요. 질문을 할 수 있는 사람이 되어야 하는 거지요. 다른 사람이 알려준 답을 그대로 외우는 데 그치면 안 된다는 말이기도 해요. 다른 사람의 생각을 내 생각처럼 말하는 것은 의미도 없겠지만, 정해진 답은 기계도 충분히 알 수 있기 때문이에요.

 이제 이 책을 읽은 여러분이 기계가 할 수 없는 일이 무엇인지 파악하고 준비할 수 있기 바라요. 세상에 영원한 것은 없으니까요. 상황은 끊임없이 바뀌고 빠르게 움직여요. 어떤 일이든 정답이 없다는 말이기도 해요. 늘 마음을 열어놓고 말랑말랑한 감성으로 여러분만의 '나다움'을 찾길 바랄게요.

> 쉬어 가는 페이지

미래의 새로운 인류, 트랜스휴먼

트랜스휴먼이란 바꾼다는 뜻의 '트랜스trans'와 사람을 뜻하는 '휴먼human'을 합친 단어예요. 기계와 인간이 합쳐져 신체적으로나 지적으로 인간보다 뛰어난 능력을 가지게 된 인간을 의미하지요. 앞으로 인류는 전자 칩은 물론, 인공 심장이나 인공 관절, 유전자 재배열, 전자 눈코입 등 과학기술로 진화를 하게 될 거라는 전망이 나오고 있어요. 그렇게 된다면 인류는 더 이상 늙지 않고 영원한 삶을 살 수 있을 거예요.

트랜스휴먼 기술은 우리가 흔히 상상할 수 있는 인공 신체 분야 외에도 전자 칩 이식 기술, 생체 공학 기술, 신체 결합 로봇기술 등 다양한 분야에서 연구되고 있다고 해요.

실제로 영국에서는 신용카드 등 다양한 용도로 사용할 수 있는 전자 칩을 손에 이식한 사례도 있어요. 두꺼운 지갑이나 집 열쇠를 가지고 다니지 않아도 되고 건강 정보까지 체크할 수 있는 이 작은 칩에는 '페이' 서비스로 우리에게 익숙한 NFC 기술이 활용되었다고 해요.

이외에도 국내외에서 뇌와 인공지능을 결합하려는 시도, 더 정교하고 성능이 우수한 인공 장기로 기존의 장기를 대체하려는 시도 등 실제로 SF 영화에서나 볼 법한 일들이 이뤄지게 할 수 있는 기술들이 연구되고 있어요.

트랜스휴먼 기술은 인간 존재에 대한 철학적 물음을 남겨요. 인간과 기계가 완전히 결합된 트랜스휴먼이 등장한다면 우리는 지금처럼 인간과 기계의 경계를 정할 수 있을까요? 뇌와 인공지능을 결합한 트랜스휴먼이 내리는 결정은 인간이 내리는 결정일까요, 기계가 내리는 결정일까요?

트랜스휴먼 기술은 이제 상상 속에만 존재하는 기술이 아니에요. 우리의 삶을 편리하게 하고, 한계를 뛰어넘게 해줄 가능성이 있었고, 실제로 상용화된 기술도 있어요. 하지만 이 기술은 인간과 기계의 경계에 관한 철학적 물음을 낳기도 했어요. 눈앞에 다가온 트랜스휴먼 기술을 받아들이는 우리의 자세가 중요한 이유가 바로 여기에 있어요. 트랜스휴먼 기술이 가져다줄 새로운 세계가 더 나은 인간의 세계가 되기 위해 더 많은 고민이 필요한 시점이에요.

6장
신인류, 메타버스 사피엔스

메타버스 시대가 온다

　2020년 코로나가 전 세계를 강타하면서 인류는 디지털 현실로 도피하려는 움직임이 일어났어요. '메타버스metaverse'가 바로 그것인데요. 바이러스의 출현으로 인해 2050년쯤에나 벌어질 것으로 예측한 초가속 시대가 몇십 년이나 앞당겨진 것이죠. 메타meta는 '초월한다'는 의미를 지녔고, 버스verse는 '우주'나 '세계'를 뜻하는 유니버스universe에서 따온 말입니다. 그래서 메타버스는 우주와 세계를 초월하는 '탈현실'을 뜻해요. 현실을 벗어나 화성으로의 이주를 꿈꾸거나 디지털 현실로 도피하려는 움직임이 이에 속하지요.

　엄청난 전염병으로 인해 생각지도 않게 열린 메타버스의 시대는 어떤 모습일까요? 학교에서는 수업을 온라인으로 하고, 회사에 나가는 대신 집에서 근무를 하며 화상회의를 하게 되었어요. 물론 처음에는 시스템이 아직 자리 잡지 않아 불편을 겪기도 했지요. 시간이 지날수록 시스템이 점차 업데이트되어서 코로나가 시작된 지 1년 정도가 지나자 꽤나 매끄러워졌어요. 또한 바깥에 나가는 게 쉽지 않으니 집에서 온라인으로 즐길 거리를 찾는 사람들이 더 많아졌어요. VR 고글을 쓰고 가상현실에서 게임을 즐기거나, 나만의 아바타를 만들어 디지털 공간에서 사람들과 소통하는 식으로요. 어느새 모두가 자연스럽게 메타버스에 익숙해진 거예요.

메타버스를 말할 때 가장 많이 이야기하는 게임이 '로블록스 Roblox'인데요. 미국의 16세 미만의 어린이, 청소년들에게 가장 인기가 있다고 해요. 자신만의 게임을 만들어 팔 수 있어서, 단순하게 게임을 즐길 뿐만 아니라 창의적인 프로그램을 만들어 경제 활동을 하는 것까지 가능하게 만들었어요.

우리나라에서 인기 있는 메타버스 중 하나는 네이버의 '제페토 Zepeto'예요. 자신이 좋아하는 눈, 코, 입, 머리 스타일을 고르고, 직접 옷과 신발을 선택하여 꾸밀 수 있지요. 코인을 사서 액세서리와 옷을 구입하기도 하고요. 아바타는 현실의 나와 닮을 수도 있고, 전혀 다른 모습일 수도 있어요. 그건 전적으로 우리의 선택에 달려 있어요. 현실과 전혀 다른 나를 원한다면 아바타를 새로운 모습으로 바꿀 수도 있겠지요. 이렇게 꾸민 아바타는 관심 있는 주제의 방에 들어가 음악 감상을 하거나 파티를 즐기기도 해요. 파티가 끝난 다음에는 참여한 아바타들이 모여 기념 사진을 찍기도 하지요. 마음에 드는 아바타가 하는 실시간 방송을 들으며 자신의 일상을 이야기하고 고민을 상담하기도 해요. 메타버스는 디지털이란 가상현실에서 만나지만, 현실과 긴밀하게 연결되어 있어요.

'어스 2Earth 2'는 디지털 지구상의 부동산을 가상으로 사고팔 수 있는 공간이에요. 서울 광화문 인근의 땅이 북한 네티즌들에게 거의 다 팔렸다고 해요. 비록 진짜로는 소유할 수 없는 땅이지만 가상현실이기 때문에 가능했던 것이지요. 이처럼 메타버스 안에서는 분단된 현실을 뛰어넘기도 해요.

'포트나이트Fortnite'라는 게임 안에서는 미국 가수 아리아나 그란데의 공연이 열리기도 했어요. 직접 대면하는 공연은 아니었지만 초현실적인 퍼포먼스를 선보였고, 사람들은 공연에 열광했어요. 그 공연으로 메타버스 공연 문화에 대한 인식까지도 바뀌었어요. 꼭 현장에서 하는 생생한 공연이 아니어도 충분히 즐길 수 있는 가능성을 보여준 것이지요.

도대체 현실이 무엇이기에 우리는 그 현실로부터 도피하려고 발버둥을 치는 걸까요? 메타버스를 올바로 이해하려면 우선 이 문제를 짚고 넘어가야겠네요.

현실은 모두에게 동일한가?

'현실이 무엇인가요?'라는 질문에 많은 사람들이 '우리가 지금 눈으로 보는 것'이라고 대답할 거예요. 그러면서 왜 그런 당연한 질문을 하는지 궁금해할 수 있겠지요. 우리가 무엇인가를 본다는 것은 빛이 사물에 반사된 모습이 감각기관인 눈을 통해 뇌로 전달되어 인식하는 과정이라고 생각해 왔어요. 하지만 지난 100년 동안 뇌과학이 발달하면서 이 내용이 틀렸다는 점을 증명했어요. 이게 무슨 말인가 궁금하시죠? 우리가 경험하는 현실은 뇌가 만들어 낸 착시라는 것입니다. 다시 말해 우리의 눈에 보이는 현상은 세상의 진짜 모습이 아니라 우리 뇌의 해석을 거친 결과물이라는 뜻이에요. 이것을 우리 주변에 있는 동물들을 예로 들어 설명할 수 있어요.

만약 화창한 봄날 반려견을 데리고 호숫가에 있는 공원에 산책을 갔다고 생각해 볼게요. 호수 주변에는 개나리, 진달래 같은 봄꽃이 피어 있어요. 사람은 노란 개나리꽃이나 분홍 진달래의 색을 볼 수 있지만, 함께 간 강아지는 사물이 검은색과 흰색으로만 보이기 때문에 개나리, 진달래 꽃을 흑과 백으로만 인식할 거예요. 게다가 곤충들의 눈은 사람이나 강아지, 고양이와 또 다르지요. 아주 작은 수백 개의 렌즈가 들어 있어 어떤 물체를 볼 때 수백 개의 똑같은 모습이 겹쳐 보인다고 해요. 그러니까 한 개의 개나리와 진달래를 본다면 수백 개의 꽃잎이 겹친 듯 보일 거예요. 이렇게 똑같은 물체를 보고도 사람, 강아지, 곤충이 모두 다르게 인식하지요. 그리고 바닷속에 사는 문어는 지능이 아주 높다고 알려져 있어요. 무엇보다 문어들은 학습을 할 수 있지요. 병 안에 먹이를 넣고 뚜껑을 닫아놓으면 병을 열지 못하지만, 뚜껑 여는 모습을 한번 보여주고 뚜껑을 닫아 문어 앞에 두면 문어는 그 병을 열 수 있다고 해요. 여기서 주목할 것은 문어는 사람의 눈과 매우 유사한 눈을 가지고 있다는 점이에요.

그렇다면 다시 처음으로 돌아가 이런 질문을 해볼 수 있어요. '과연 사람들은 모두 세상을 똑같이 볼까요?'

'얼굴인식불능증' 혹은 '안면실인증'이라는 말을 들어본 적이 있나요? 우리는 사람들을 볼 때 얼굴의 특징을 잘 관찰하여 보고 다음에 만날 때 '아는 얼굴'이라고 기억해요. 하지만 우리 뇌의 특정한 영역인 방추상얼굴영역이 손상된 환자들은 사람의 얼굴을 알아보는 데 큰 어려움을 겪게 되지요. 사람의 얼굴을 알아보지 못한다면 소통이 어려워서 일상생활이 힘들어져요. 만약 내가 좋아하는 친구나, 사랑하는 가족의 얼굴을 알아보지 못한다면 정말 당황스럽고 슬플 거예요. 그런데 이 환자들은 사람의 얼굴을 제외한 다른 사람의 형태, 색, 운동과 관련된 정보는 선명하게 보인다고 해요. 얼굴을 알아보지 못해도 그 사람이 입는 옷 스타일이나 걷는 모습 등을 파악하여 구별을 할 수도 있겠지요. 어쨌든 이들이 보는 세상은 보통의 사람들과 조금 다르다고 할 수 있어요.

중간관자시각영역이 손상된 환자들은 물건이 연속적으로 움직이더라도 어느 순간이 잘린 상태로 기억한다고 해요. 만약 고양이가 거실 소파에서 부엌 식탁으로 이동했을 경우, 갑자기 소파에서 움직이던 고양이가 순간 이동해 식탁에 있는 것처럼 보인다는 거예요. 소파에서 식탁으로 움직이는 동안을 기억하지 못하는 거지요. 소파에서 갑자기 사라진 고양이가 부엌에 불쑥 나타난다면 무척 당황스러울 거예요. 중간관자시각영역이 손상된 환자가 그리 많은 건 아니지만 이들 또한 보통 사람과 다른 방식으로 세상을 경험하고 있어요.

꿈, 가장 가까운 또 다른 현실

우리는 사실 가상현실을 자주 경험해요. 바로 매일 밤 꾸는 꿈을 통해서죠. 꿈에서는 현실에서는 불가능한 일들이 벌어지곤 해요. 날개 없이도 가뿐하게 하늘을 날아다니고, 높은 곳에서 뛰어내려도 다치지 않고 멀쩡해요. 허무맹랑하다고 꿈을 아예 무시할 수는 없어요.

잠을 자는 동안에도 우리 뇌의 전원은 완전히 꺼지지 않는다고 해요. 우리는 하루에 짧게는 6시간에서 길게는 9시간 정도의 잠을 자는데, 하루 24시간 중 3분의 1을 자는 데 쓰는 셈이에요. 잠이 들고 처음에는 아주 깊은 잠에 빠져들지만 30분에서 50분이 지나면 뇌는 잠에서 깨기 시작한다고 하지요. 이 단계를 전문가들은 렘REM수면 상태라고 불러요. 컴퓨터의 중앙처리장치CPU에 해당하는 뇌의 기능이 거의 작동하지 않다가 다시 시작하는 것과 같다고 해요. 이 단계에서 우리는 현실에서 일어날 수 없는 꿈을 꾸게 되지요. 매일 밤 네 번에서 다섯 번 정도의 꿈을 꾸지만 우리는 보통 일어나기 직전의 꿈만을 기억한다고 해요. 재미있는 것은 우리가 꿈을 꾸지 않았다고 말할 때조차도 꿈을 꾼다고 해요. 단지 기억하지 못할 뿐입니다. 렘수면 상태에서는 눈동자가 사정없이 움직이기 때문에 다음 수면 단계에 들어갔을 때 잠을 깨우면 꾸던 꿈을 기억하고 이야기할 수 있다고 해요. 직접 실험을 해보았기 때문에 렘수면 단계에서 꿈을 꾼다는 게 증명이 된 셈이에요.

　그동안 꾼 꿈 중, 유난히 생생하게 기억나는 꿈들이 있을 거예요. 만약 꿈속에서 한 마리의 파리로 변했다고 상상해 볼까요? 가족들은 아무도 보이지 않고 나는 작은 방에 갇혀 웽웽 날갯짓을 하며 날고 있어요. 밖으로 나가고 싶지만 작은 구멍이나 틈새를 찾을 수 없어 가슴이 답답합니다. 그때, 방문이 열리고 낯선 사람이 방 안으로 들어왔어요. 그 사람은 내가 잠깐 쉬려고 앉는 곳마다 파리채를 휘두르며 나를 잡으려고 혈안이 되어 있지요. 그야말로 파리채 앞에서 '파리 목숨'이 된 것입니다. 두려움에 숨이 막히겠죠? 신기하게도 꿈을 꾸는 동안에는 내가 파리라는 걸 단 한 번도 의심하지 않아요. 심지어 파리에게 감정이입을 해서 숨이 막히는 느낌까지 들어요. 바로 그 점이 흥미로운 지점이에요. 우리는 비록 꿈속이라도 꿈을 의심하지 않고 현실로 받아들이지요. 이건 우리의 뇌가 인식하는 일이에요. 그렇다면 이런

질문을 할 수도 있겠군요. '꿈이 현실처럼 느껴진다면, 반대로 우리의 현실이 꿈은 아닐까요?'

우리는 컴퓨터 속 시뮬레이션에서 살고 있을까?

'우리가 보고 느끼는 이 현실은 진짜일까?'

이는 꽤 오래전부터 해오던 철학적인 질문이에요. 만약 현실이 진짜가 아니라면 가상의 공간이겠죠? 이런 질문을 바탕으로 만든 대표적인 영화가 바로 〈매트릭스The Matrix〉(1999년)입니다. 영화의 배경은 2199년으로, 컴퓨터 개발자로 일하는 주인공 네오가 어느 날 자신이 현실이라고 믿었던 세상이 단지 인공지능이 만든 시뮬레이션이라는 점을 깨닫게 되는 내용이에요. 시뮬레이션 바깥의 세상, 즉 진짜 세상에서는 자신이 괴기한 용기에 갇혀 인공지능을 위한 배터리로 쓰이고 있었던 거예요. 우리는 〈매트릭스〉 같은 영화를 보면서 우리 뇌를 잘 조작하기만 하면 진짜 책을 읽고 음악을 듣고 있다고 착각하지 않을까 하는 생각을 더 구체적으로 하게 되었어요. 또한 우리의 현실이 시뮬레이션으로 조작되었을지도 모른다는 의심을 더 강하게 품게 되었지요.

 세계 최대의 전기 자동차 회사인 '테슬라'와 항공우주 기업인 '스페이스X'의 경영자인 일론 머스크도 비슷한 이야기를 내놓았어요. "우리가 살아가는 현실이 가상 세계가 아닌 진짜 세계일 확률이 10억분의 1에 지나지 않는다"라는 말을 해서 파장을 일으켰어요. 우리가 살아가는 현실이 시뮬레이션의 일부일 확률이 높다는 거예요. 사실 일론 머스크가 이런 주장을 하기 전에 그의 주장을 뒷받침하는 논문이 이미 발표되기도 했어요. 바로 옥스퍼드대학교의 교수이자 철학자인 닉 보스트롬의 논문 「당신은 컴퓨터 시뮬레이션에서 살고 있나요?」예요. 불과 40~50년 만에 인공지능이 급속하게 발달하면서 우리가 구현할 수 있는 시뮬레이션의 수준은 상상을 초월할 정도로 높아졌다는 것이지요. 만약 우리가 살고 있는 세계가 멸망하지 않는다면 시뮬레이션 기술은 계속 발전할 테고, 500년 또는 5,000년 후에는 실제 세상과 구별하기 어려울 만큼 정교한 시뮬레이션이 나타날 수도 있다는 주장이에요.

 닉 보스트롬의 주장을 다시 정리하면 수많은 과거들은 미래에 사는 사람들이 시뮬레이션을 한 결과라고도 볼 수 있다는 거지요. 따라서 우리가 사는 현실도 미래의 사람들이 시뮬레이션 한 결과일 수 있다는 이야기예요. 진짜 그렇다면 우리의 현실이 영화 〈매트릭스〉와 크게 다르지 않겠지요?

시뮬레이션과 진짜인 오리지널의 차이는 무엇일까요? 오리지널은 한 개인 데 비해 시뮬레이션은 무한 복제가 가능해요. 그렇게 된다면 진짜와 가짜를 구분하는 게 힘들어지겠죠? 하지만 현실이든 시뮬레이션이든 머물고 있는 곳에서 나갈 수 없다는 점은 비슷하다고 할 수 있어요. 중요한 건 내가 시뮬레이션 게임 안에서 게임을 진행하는 플레이어인지, 게임을 조종할 수 없는 보조 캐릭터인지가 관건이지요. 만약 보조 캐릭터라면 나를 잊고 의미 없이 생활할 수도 있을 거예요. 우리는 끊임없이 '나는 무엇일까?' 혹은 '나는 누구일까?'에 대해 고민하고 생각해야 해요.

앞서 인공지능을 설명할 때 여러 번 강조했지만, 사람은 기계와 다르게 존재하지 않는 것을 볼 수 있는 능력이 있어요. 바로 상상하고 믿는 능력이에요. 때로는 후회하고 두려워하는 것이 생길 수도 있어요. 그렇다고 겁먹을 필요는 없어요. 우리가 생각할 수 있기 때문에 가능한 일이니까요. 어쩌면 아직 일어나지 않은 시뮬레이션 된 현실을 두려워한다면 그것 자체로도 기쁘게 생각해야겠네요. '두려움'은 사람만이 가질 수 있는 능력이기 때문입니다. 또한 두려움을 극복하면 더 단단한 사람으로 '성장'할 수도 있고요. 중요한 건 '내가 누구인지' 끊임없이 질문하고 고민해 보는 것입니다.

쉬어 가는 페이지

인공지능이
사진작가가 된다고?

　데이터를 통해 규칙을 만들어 낼 수 있다면, 반대로 그 규칙을 통해 새로운 데이터를 만들어 내는 것도 가능하지 않을까요? 이런 아이디어에서 시작하여 2014년에 매우 흥미로운 게 발명되었어요. '생성적 적대 신경망generative adversarial network, GAN'이 바로 그 주인공입니다. 이제 인공지능도 창작자처럼 새로운 사진을 만들어 내는 세상이 되었어요.

　이 알고리즘은 고양이에 대한 설명이 없는 고양이 사진 수백만 장을 학습해 고양이 사진을 인식할 수 있답니다. 게다가 그 규칙에 따라, 이 세상에 없던 완전히 새로운 고양이 사진을 만들어 낼 수도 있게 되었지요! 이제 인공지능이 사진작가를 대신하게 된 거예요. GAN이 만들어 낸 새로운 사진들은 새, 고양이와 같은 동물들에서부터 풍경 사진, 그리고 실제로 존재하지 않는 사람까지 다양해요.

　엄청나게 진짜 같은 가짜 인간의 얼굴 이미지에는 어색한 점이 하나도 없어요. 눈을 씻고 봐도 어느 게 진짜인지, 가짜인지 구분하기가 어렵지요. 게다가 대개 잘생기거나 예쁘다는 공통점이 있어요. 왜냐하면 제일 처음 인식기를 학습시킬 때, 할리우드의 영화배우들처럼 일반적으로 잘생기거나 예쁘다고 판단되는 얼굴을 바탕으로 학습시키기 때문이라고 해요.

GAN과 같은 알고리즘이 주는 장점은 무엇일까요? 그 답은, 새로운 얼굴을 하나뿐만 아니라 100만 개까지도 만들어 낼 수 있다는 거예요. 더 나아가, '수염이 있는 얼굴', '안경을 낀 얼굴', '백인의 얼굴' 등 다양한 조건을 입력하여 원하는 이미지를 만들 수도 있다고 해요.

이렇듯 이제부터는 기계가 새로운 이미지를 만들어 내는 시대입니다. 현실과 구별하는 게 어렵거나 아예 불가능한, 새로운 이미지들을 말이죠. 몇 년 후에는 인공지능이 사진작가나 화가를 대신할지도 몰라요. 이미지뿐만이 아니에요. 이제 인공지능은 간단한 음악을 작곡할 수도 있고, 소설 같은 문학 작품을 창작하기도 해요. 다가올 미래에 '인간만이 할 수 있는 일'은 과연 무엇일지 우리는 더 고민해 봐야 해요.

7장
디지털 대항해 시대

30만 년 동안의 고독

요즘 인공 인플루언서artificial influencer로서 광고에 출연하는 '가상 인물'들이 많은 활약을 하고 있어요. 이들은 메타휴먼metahuman이나 디지털휴먼digital human이라 불리기도 해요. 세계적으로 유명한 가상 인물로 미국의 '미켈라'가 있고, 우리나라에서도 '로지' 같은 인공 모델들이 활약하고 있어요. 이들은 이미지 손상을 입을 위험도 없으니 광고주들한테 더할 나위 없이 좋은 광고 모델이지요. 게다가 소비자들 반응도 아주 좋아요. 가상 인물을 자연스럽게 받아들이게 되었다는 것은, 현실의 우리가 가상 인물을 신뢰한다는 말이기도 해요. 가상 인간, 즉 디지털휴먼이 우리에게 다가오는 것은 새로운 현실에 대한 예고편에 속해요. 앞으로 우리의 환경은 계속 바뀌겠죠. 그들은 어느 날 갑자기 우리한테 온 게 아니에요. 이에 대한 정확한 이해를 하려면 인류의 역사를 되짚어 볼 필요가 있어요.

인류는 30만 년 전 아프리카의 동쪽에 처음 등장하였어요. 그리고 그 후 대부분을 유목민으로 한곳에 정착하지 않고 이동생활을 하며 지냈어요. 그렇게 동아프리카에서만 살던 인류는 이동을 하며 유럽, 아랍, 아시아, 아메리카, 오세아니아까지 점점 퍼져 살게 되었어요. 인류는 겨우 1만 년 전부터 농사를 지으며 정착을 하게 되었어요. 무려 30만 년이라는 길디긴 시간 동안 돌도끼를 사용하는 구석기인으로 살아간 거예요. 적게는 10명에서 많게는 50여 명의 그룹으로 움직였을 거라 짐작하고 있어요. 소그룹으로 각자 살았기에 언어가 다양했을 테지만, 문자가 없어 기록을 남기지는 못했어요. 그래서 동굴에 그림벽화로만 남아 있어요. 문자로 기록을 남기지 못하니 새롭게 알게 된 경험과 지식을 쌓아 후대에 전달하지 못했어요. 늘 다시 시작하는 것과 다름없었죠. 인류가 긴 세월 동안 발전하지 못한 이유입니다. 30만 년 동안 살았던 인류에게 많은 이야기와 사연들이 있었겠지만 비슷한 생활이 반복되었을 거라는 추측만 할 뿐이에요. 어찌 보면 인류는 그 긴 시간 동안 현실을 공유하지 못하고 외롭게 지낸 셈이지요. 1만 년 전에 농사를 짓고 정착하게 되며, 지도자를 뽑고 문명이 생기기 시작했어요. 모여 살게 되면서, 드디어 현실을 공유하게 되었어요. 그리고 사람들의 경험이 쌓이면서 문명이 발달하게 된 것이지요.

15세기(1440년경) 인류에게는 정착 생활 다음으로 큰 사건이 일어나게 돼요. 바로 인쇄술이 발명되면서 한 권에 1,000만 원 정도였던 책값이 10만 원, 1만 원으로 떨어진 것이지요. 인쇄술의 발명으로 사람들은 책으로 경험과 정보를 기록하게 되었고, 그 정보가 먼 곳까지 퍼졌지요. 구전을 통한 공유에서 멈추지 않고 책을 통해 먼 곳까지 정보를 전할 수 있게 된 거예요.

그다음의 정보 혁명은 책이 아닌 기계를 통해서 이뤄집니다. 바로 20세기 컴퓨터를 통한 인터넷의 사용이에요. 1980년 이후에 태어난 M세대(밀레니얼)들은 중학생이 될 즈음 인터넷을 통해 정보나 지식을 무료로 공유할 수 있게 되었어요. 그 말인즉슨 책값은 0원의 가치로 떨어진 셈이죠. 인터넷을 통해 지구 반대편에 사는 사람들과도 하나의 커다란 현실로 얽히기 시작했어요. 이를 두고 디지털 신대륙을 창조했다고 말해요. 디지털 안에서 새로운 세계를 만났으니 그렇게 말할 만도 하죠. Z세대(1995년 이후 태생)는 중학생이던 10대에 처음으로 스마트폰을 사용하기 시작해요. 스마트폰을 손에 들고 다니며 쉽게 게임을 즐기기도 하며, 가상 세계를 접할 수 있게 되었어요. 집 안에서 컴퓨터를 통해 디지털 세계로 연결되는 것과 비교해도 훨씬 혁명적인 사건이었죠.

스마트폰 덕분에 가상 세계와 현실 세계의 구분이 점점 좁혀지고 있어요. 또한 앞에서 이야기한 가상 인물이 광고에 출현하는 현실을 특별히 이상하게 여기지 않게 되었어요. 이미 우리의 부속 캐릭터인 '아바타'를 통해 게임을 하거나 메타버스 안의 친구를 만나는 게 익숙해졌기 때문이에요. 가상 인물이 광고를 한다고 해서 특별히 거부 반응이 생기지 않는 이유기도 하죠.

메타버스, 새로운 플랫폼

　우리가 살아가는 현실은 어떻게 메타버스인 가상 세계로 구현될까요? 메타버스의 다중 현실은 크게 네 가지로 나뉘고 있어요. 바로 가상현실, 증강현실, 거울세계, 일상기록 lifelogging 이에요.
　첫째, 가상현실은 실물을 3D로 제작한 다음 VR 기계를 착용하여 실제처럼 가상 세계를 경험해 볼 수 있어요. 롤러코스터를 직접 타지 않고도 VR 기계를 쓰면 롤러코스터를 타는 것과 같은 짜릿함을 느낄 수 있어요. 둘째, 증강현실은 현실에는 존재하지 않지만 스마트폰에 깔린 앱을 접속해 특정 지역에 가서 아이템을 획득할 수 있어요. 바로 몇 년 전에 유행했던 게임인 포켓 몬고가 대표적인 증강현실에 속해요. 사람들은 포켓몬들이 자주 출몰하는 장소까지 가서 아이템을 획득하여 오기도 했어요. 또한 스마트폰 안의 카메라 앱을 통해 변형된 나의 모습을 찍어봤을 거예요. 예쁘게 화장도 되고, 내 얼굴에 귀여운 토끼 귀가 생기기도 하지요. 모두 증강현실을 이용한 거랍니다. 간편히 손에 들어오는 스마트폰이 있기에 가능한 일들이지요. 셋째, 거울세계는 현실과 똑같이 공간을 복사하듯 만들어 놓은 가상 세계를 미리 체험을 해보는 거예요. 예를 들어 중학교에 들어가기 전 자신이 입학할 학교와 똑같이 생긴 가상의 건물에 들어가 미리 자신이 다니게 될 교실, 화장실, 도서관, 식당 등의 위치를 파악하여 가상으로 체험을 하는 거예요. 진짜 학교에 입학하게 되었을 때, 신입생이라도 능숙하게 건물의 위치를 찾아갈 수 있겠지요. 넷째, 일상기록은 페이스북에 자신의 일상을 글로 남기거나, 인스타그램에 다녀온 곳 사진을 올리는 등, SNS에 일상을 기록하는 것을 말해요.

　메타버스는 이처럼 네 가지 방식의 플랫폼으로 만날 수 있어요. 1990년대 이후 데스크톱 인터넷이 급격히 발전하면서 '사이버 현실'이라고 불리는 새로운 플랫폼 안으로 들어서게 해주었어요. 2010년부터 우리가 많이 사용하게 된 스마트폰을 이용한 모바일 인터넷은 데스크톱 인터넷이 진화한 결과이지요. 그리고 모바일 인터넷이 다시금 새롭게 진화한 형태가 바로 메타버스라고 이해하면 돼요. 우리는 손안에 스마트폰을 가지고 다니면서 메타버스 환경을 더 자연스럽게 받아들이게 되었어요. 요즘은 초등학교 고학년이 되면 스마트폰을 많이들 들고 다녀요. 이제 우리는 인터넷을 통해 정보를 다시 보고 들을 수 있는 환경에서, 우리가 그 정보 안으로 직접 들어가서 어떤 일을 할 수 있는 메타버스의 환경으로 진화한 거예요.

매튜 볼은 메타버스를 다음과 같이 자세하게 정의해요.

첫째, 물질 세계와 가상현실을 연결한다. (물질 세계는 우리가 살고 있는 현실 세계를 말해요.)

둘째, 공유되고 지속되는 인터넷 공간을 지니고 있다. (인터넷이 없다면 불가능하겠죠.)

셋째, 사용자의 경험들이 서로 연결된다. (메타버스 안에서도 경험이 쌓이고 데이터가 축적된다는 말이지요.)

넷째, 누구나 쉽게 접속이 가능하다. (아프리카나 북극에 살더라도 스마트폰과 디지털이 연결된 환경이라면 어디서든 접속이 가능해요.)

다섯째, 경제적인 거래가 가능하다. (메타버스의 개발자뿐만 아니라 접속하는 사람도 돈을 벌고 거래할 수 있어요.)

메타버스는 우리가 서 있는 현실 공간뿐 아니라 디지털 세상 속으로 들어가 또 다른 형태의 현실과 소통을 할 수 있음을 보여 주고 있어요. 물론 메타버스 안에서는 또 다른 나의 '아바타'가 대신 활동을 한다는 것이 다르지요. 그 아바타는 현실 공간에서 나의 '생각'이 만들어 낸 이미지를 통해 이동에 제약 없이 하나의 경험에서 다른 경험으로 점프할 수 있는 이점이 있어요. 메타버스 세상은 무한대로 성장할 것으로 전문가들은 보고 있어요. 앞으로 우리가 어떻게 그 디지털 현실을 체험하고 맞이할 것인지는 끊임없이 고민해야 해요.

필터 버블

처음 인터넷이 발명되었을 때 사람들은 모두 차별받지 않는 동등한 교육을 받고, 인터넷에 있는 무한한 정보를 공짜로 공유할거라 생각했지만 현실은 꼭 그렇지 않았어요. 인터넷이 구비되지 않거나 스마트폰이 여전히 귀한 지역이 존재하고, 인터넷으로 인한 부작용도 나타나기 시작했지요. 그 부작용의 대표적인 예가 필터 버블이에요.

필터 버블Filter Bubble이란 인터넷 서비스 생산자가 이용자의 성향을 파악하여 그 관심도에 맞춰 필터링된 정보만을 제공함으로써 이용자가 자신이 좋아하는 특정 정보에 갇히게 되는 현상을 말해요.

만약 야구와 축구를 좋아하는 두 친구가 있다면 인터넷 알고리즘으로 한 친구에게는 야구에 대한 정보만 뜨게 하고, 다른 한 친구에게는 축구에 대한 정보만 선별해서 보여주는 것이지요. 야구를 좋아하는 친구는 야구에 대한 정보를 많이 접하게 되어 야구 지식이 쌓이게 됩니다. 하지만 축구에 대한 정보는 알지 못해요. 반대로 축구를 좋아하는 친구는 야구에 대한 지식은 그대로인데 축구에 대해서는 온갖 정보들을 다 보게 되어 전문가가 되겠죠.

평상시 검색해 본 내용과 비슷한 것들이 알고리즘으로 뜨는 것을 자주 경험해 보셨을 거예요. 이처럼 필터 버블은 자신이 관심 갖는 부분만 알게 해준다는 단점이 있어요. 인터넷 사용자의 관심사와 좋아하는 것을 파악하여 그들의 판단을 예측하게 된다는 것은 거래의 대상이 될 수도 있을 뿐만 아니라 사람들의 생각까지도 어떤 틀 안에 가둘 수 있어요. 만약 빨간색과 파란색 두 가지 논점을 가진 사람들이 있다면 자신들의 생각을 고수하기만 하여 시간이 지날수록 짙은 빨간색과 짙은 파란색으로 그 골이 깊어지게 되지요. 상대방의 이야기를 경청하지 않을뿐더러, 듣더라도 받아들이려고 하지 않아요. 이런 현상은 사람들과의 소통을 힘들게 해요. 그러므로 인터넷이 걸러주는 정보의 함정에 빠지지 않도록 조심할 필요가 있어요. 따라서 아주 좁은 관심사에서 벗어나 다양한 것에 관심을 갖는 연습이 필요해요. 복잡한 세계를 이해하려면 다양한 정보를 접해야 하겠지요. 다른 사람들에 대한 공감의 폭도 넓히고요.

기대되는 Z세대의 미래

15세기 말 이탈리아의 탐험가 콜럼버스의 아메리카 대륙 '발견'은 1,000년 동안 암흑기를 보낸 유럽인들에게 신선한 자극이 되었어요. 물론 아메리카는 콜럼버스가 찾아내기 이전부터 그곳에 있었고 이미 원주민들이 살고 있었기 때문에 '발견'이라고 말하기는 힘들지만, 유럽인들의 세계관을 뒤흔들어 놓은 사건인 건 분명해요. 그 후로 유럽인들의 활동 무대는 아메리카 대륙, 오스트레일리아, 뉴질랜드까지 뻗어 나갔어요. 사람들은 유럽에서 새로운 땅으로 이주를 하기 시작했지요. 이 시기를 사람들은 신대륙 발견으로 인한 '대항해 시대'라고 불러요.

1995년 이후 출생한 Z세대는 이른바 아이패드 세대로 불려요. 그만큼 이들의 어린 시절에는 늘 아이패드가 따라다니지요. Z세대에게 무선 인터넷은 편리한 것이라기보다 그저 당연히 늘 곁에 있는 것이에요. 그들의 뇌는 이미 인터넷에 익숙해져 있어요. Z세대의 고향이 '대한민국'이라는 특정한 나라보다는 '인터넷'이라고 해도 과장된 표현이 아니지요. 1만 년 동안 오직 현실 세계에서만 아등바등 살았는데, 현실보다 디지털 속 세계가 더 자연스러운 세대가 바로 Z세대이지요. 현실에서 하던 '무궁화 꽃이 피었습니다' 놀이 대신 디지털을 통한 놀이와 문화를 누리고 있어요. 세계적으로 인기 있는 우리나라 여성 그룹인 블랙핑크가 제페토를 통해 사인회를 해서 관심을 끌기도 했어요. 팬데믹으로 아이돌과 팬들이 함께할 수 없으니 메타버스를 이용해 각자 꾸민 아바타로 만남을 가진 것이지요. 팬 사인회에는 4,300만 명이 모여 화제가 되었어요. 팬들은 블랙핑크 사인회에 참석하기 위해 온라인으로 액세서리와 옷을 사서 자신의 아바타를 꾸미기도 했어요. '가상'현실을 '또 하나'의 현실로 받아들인다는 거지요. 또한 그룹 '방탄소년단'은 그들의 노래 〈Dynamite〉의 안무 뮤직비디오를 메타버스 게임인 '포트나이트'에서 최초로 공개해 화제가 되기도 했어요. 15세기 신대륙의 발견만큼이나 인류에게 큰 전환점이 되는 사건들이 벌어지고 있어요. 이를 사람들은 '디지털 대항해 시대'라고 부르기도 해요.

Z세대로 인해 아직 발전 단계인 메타버스가 더 급속도로 발전할 가능성이 커졌어요. 10년이나 20년 후에는 Z세대가 사회를 이끄는 주역이 될 테니 영향력이 커지겠죠.

우리는 메타버스 시대를 맞이하여 다음과 같이 세 가지 질문을 던져보아야 해요.

첫째, 메타버스 안에서의 나는 진짜 나일까요?
둘째, 우리가 메타버스로 이주한다면 메타버스에서의 현실을 현실로 받아들일 수 있을까요?
셋째, 만약 메타버스 안에서 충분히 행복하다면 굳이 아날로그의 현실이 가치가 있을까요?

우리가 한 가지 짚고 넘어가야 하는 것은 우리가 현실에서 도피하는 탈현실화는 모두 사람의 뇌를 통해 가능하다는 점이에요. 그러니 우리는 가상 세계에서 잘 지내려면 현재의 나의 모습을 제대로 알고, 내가 진짜 원하는 것이 무엇인지 알아야 해요.

호모 사피엔스인 우리는 메타버스 또는 디지털 현실을 향해 또 한 번의 새롭고 거대한 여정을 떠나게 되었어요. 그 여정의 끝에 우리 인류는 어떤 모습을 하고 있을까요? 새로운 장막 너머로 어떤 풍경이 펼쳐질지 희망과 두려움이 뒤얽힌 가운데 인류의 미래가 담긴 커튼은 열리겠죠.

쉬어 가는 페이지

가상 인물이
인기 연예인이 되는 세상

AI는 더 이상 인공지능만을 지칭하지 않아요. 소셜 미디어에서 인기를 누리거나 광고에 출현해 관심을 끄는 인공 인플루언서 virtual influencer라 불리는 가상 인물도 이에 속해요. 버추얼 인플루언서란 가상의virtual 영향력 있는 인물influencer을 뜻해요.

인스타그램에서 14만 명의 팔로워를 보유한 '로지'는 최근 국내에서 가장 인기 있는 가상 인물이에요. 로지는 싸이더스 스튜디오에서 만들어 낸 인물로 키 171센티미터에 뛰어난 춤 실력을 보유한 22세의 여성이에요. Z세대가 가장 선호하는 이미지로 얼굴을 만들었다고 해요. 로지는 인스타를 통해 개성 있는 패션 감각을 선보일 뿐 아니라, 여행하거나 운동하는 일상을 보여주기도 해요. 로지가 특히 인기 있는 것은 인스타에 댓글을 남기면 답글을 달아 소통하기 때문이에요. 그러니 사람들이 더 친근감을 갖게 되는 거겠죠. 게다가 광고업계에서도 인기가 많아 자동차, 호텔 광고까지 찍었어요. 가상 인물이라서 늙지 않고, 구설수에 올라 이미지를 손상할 걱정을 하지 않아도 되니 광고주들이 좋아한다고 해요.

세계적으로 가장 유명한 가상 인물 중 한 명은 미국의 '미켈라'예요. 미켈라는 모델이면서 뮤지션이기도 해요. 미켈라는 19세의 여성으로 미국의 로스앤젤레스에 살고 있어요. 미켈라는 주근깨 가득한 친근한 외모로 인기를 끌고 있어요. 2016년에 처음 나와 여전히 인기 있는 모델로 여러 분야에서 활발한 활동을 하고 있지요. 미켈라는 2019년 우리나라 모 전자 회사에서 마케팅 모델로 기용하여 화제가 되기도 했어요.

 메타버스 시장이 성장하면서 가상 인물들도 점점 더 활발한 활동을 벌일 것으로 예상하고 있어요. 이는 사람들이 가상 인물들에게 거부감을 느끼지 않으니 가능한 일들이에요.

8장
사람과 대화하는 기계, 챗GPT

점점 더 진화하는 인공지능

인공지능으로 인해 우리는 이제 검색에 있어서 새로운 시대를 맞이했습니다. 예를 들어, '달리2DALL-E2'라는 인공지능 화가 프로그램이 있는데요. 이 기계에게 '고흐풍의 페르시안 고양이 그려줘'라고 인간의 말로 주문하면, 다음과 같은 그림들을 1초 만에 여러 장을 보여줍니다. 이제 더는 원하는 그림을 직접 그릴 필요가 없지요. 몇몇 명령만으로 내가 원하는 그림을 그 자리에서 바로 그려주는 도구가 생긴 셈이니까요.

앞의 고양이 그림을 포함한 이 장의 그림들은 모두 제가 달리2를 이용해서 1초 만에 얻어낸 그림들이에요. '인간과 기계와의 대화'라는 입력어를 넣어서 나온 결과들이죠. 정말 놀랍지 않나요?

무엇보다도 인간의 말로 기계와 대화할 수 있게 되었다니, 정말 놀라운 일이지요. 지금껏 코딩이나 전자제품에서 주로 쓰이던 컴퓨터 공학용 용어는 부호여서 외계어에 가까운 수준이었는데요. 예를 들어, C 언어라고 불리는 이 컴퓨터용 명령어는 아래와 같은 식이었어요. 아래의 소스코드를 기계어로 번역하면 HelloWorld.exe라는 실행파일을 만들어 주는데요. 이것을 더블클릭하면 컴퓨터는 모니터에 'Hello World!'라는 글자를 보여주지요.

```
#include stdio. h
int main(void){

printf("Hello World!");
return 0;
}
```

챗GPT 덕분에 달라진 우리의 미래

그런데 몇 년 전 일론 머스크가 투자한 회사인 '오픈AI OpenAI'에서 개발한 새로운 기술을 통해, 기계는 학습을 할 수 있도록 진화했어요. 이제 더는 앞의 예시와 같은 코딩 명령어를 쓰지 않고도, 인간이 쓰는 언어로 기계를 작동시킬 수 있게 된 거지요. '챗GPT ChatGPT'라는 이름의 이 인공지능 도구를 통하면, 엄청나게 정교한 새로운 정보를 1분 안에 보여줘요. 그래서 미국의 대표적인 검색엔진 기업인 구글과 마이크로소프트, 그리고 중국의 바이두까지도 이 새로운 인공지능 기술을 검색엔진에 넣고 있어요.

지금까지는 무언가 새로운 정보를 검색해야 할 때, 그러니까 네이버 지식인에 질문을 올리면 전문가 선생님들이 답변을 달아주곤 했는데요. 이제는 더 이상 인간인 전문가가 그 답변을 쓰지 않아도 좋은 정보를 1분 만에 얻을 수 있는 세상이 온 거죠. 예를 들어, '인간에게 가장 이로운 동물은?'이라는 질문을 던지면, 인터넷상의 많은 정보를 수집하여 가장 현명한 모범 답안을 1초 만에 바로 줍니다. 이건 백과사전보다 더 똑똑하고 과외 선생님보다도 더 빠르게 답을 해주는 엄청난 프로그램이에요.

생성인공지능과의 대화

챗GPT와 같은 대화형 AI들을 '생성인공지능'이라고 부르는데요. 이 생성인공지능들은 인간의 질문에 답을 하기에 앞서 몇 년에 걸쳐 많은 정보를 공부하곤 해요. 단순히 질문을 하면 답을 주는 데 그치지 않고, 연속된 질문들에도 답을 해줘요. '기계와의 대화'가 가능해진 셈이지요. 그뿐만 아니라 다음과 같은 철학적이고도 도덕적인 질문에도 제법 그럴듯한 답을 제시해 줘요.

질문: 왜 친구들과 친하게 지내야 할까?

답변: 친구들과 친하게 지내면 다음과 같은 많은 장점이 있어요.

⑴ 감정적인 지원: 친구들은 위로, 격려를 해주곤 해요. 게다가 어려운 시기에 여러분에게 도움을 줄 수도 있습니다.

⑵ 긍정적인 영향: 친구들은 여러분의 삶에 긍정적인 영향을 미칠 수 있고 여러분이 좋은 선택을 할 수 있도록 도와줍니다.

⑶ 경험 공유: 친한 친구가 있으면 함께 추억하고 경험할 수 있습니다.

⑷ 개인적인 성장: 친구들은 여러분에게 도전할 수도 있어요. 그러면 여러분이 한 사람으로서 성장하는 데 도움을 줍니다.

⑸ 행복도 증가: 여러 연구가 다른 사람들과 친밀한 관계를 갖는 것이 행복도의 증가와 긍정적으로 연관이 있다는 사실을 보여줍니다.

가까운 친구들을 갖는 것은 또한 소속감과 연결감을 주는데, 이것은 우리의 전반적인 행복에 있어서 매우 중요해요.

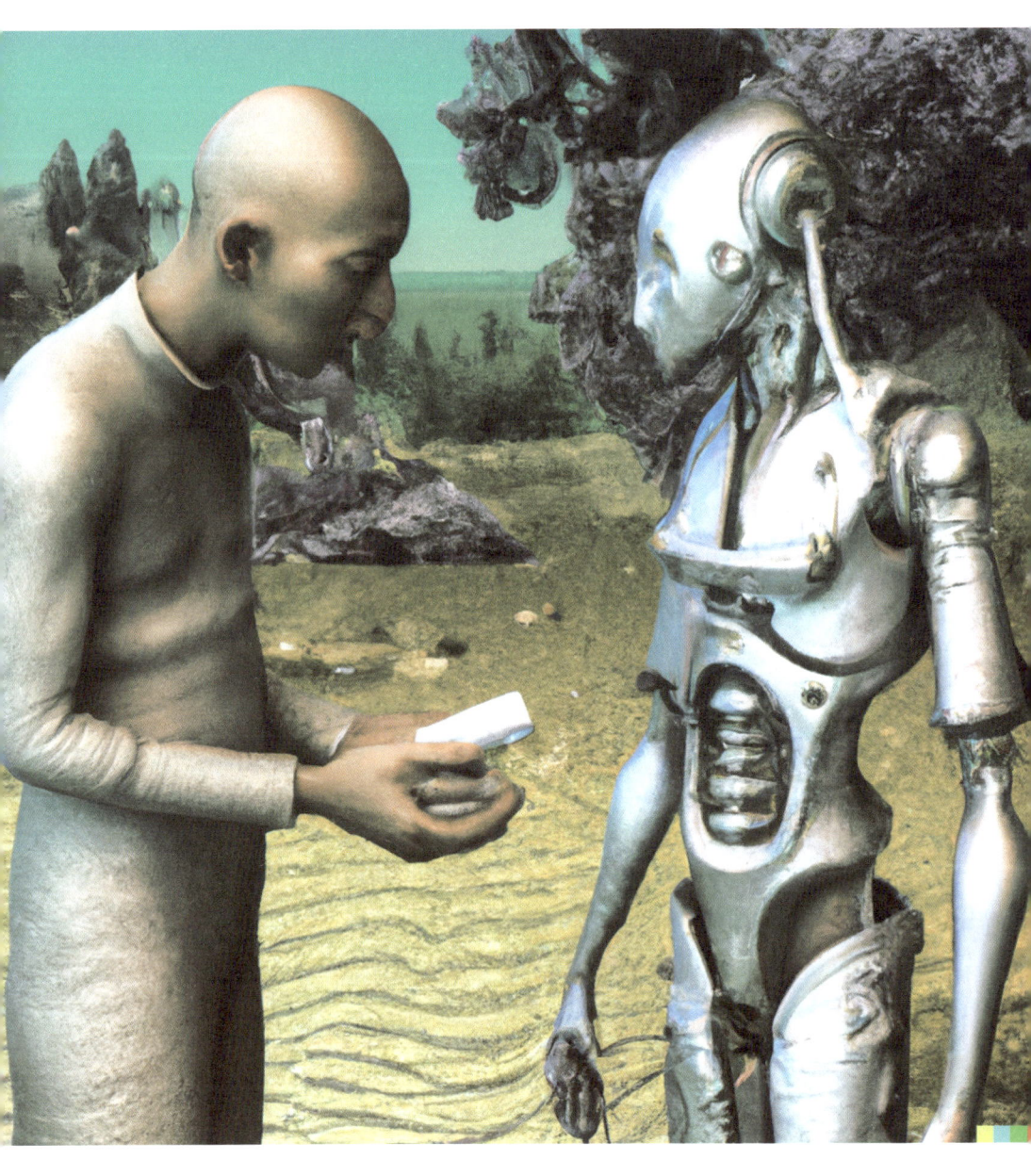

재질문: *이 답변을 다섯 살짜리 어린아이에게 말하듯이 다시 말해줘.*

답변: 친구들과 친하게 지낸다는 것은 여러분을 행복하게 해주는 특별한 도우미를 갖는 것과 같아요! 여러분이 친구들과 친하게 지낸다면, 여러분은 그들과 재미있게 놀거나 함께 특별한 추억을 만들 수 있어요. 그들은 여러분이 슬프거나 화가 났을 때 기분이 나아지도록 도와주고, 심지어 새로운 것을 배우고 성장하도록 도와주기도 해요. 가까운 친구들을 갖는 것은 여러분을 위해 항상 그곳에 있는 특별한 '팀'을 갖는 것과 같아요. 그것은 여러분을 행복하게 하고 충만하게 만들지요.

챗GPT는 이런 철학적인 답변 말고도 엄청나게 조직적인 정보들도 답해줄 수 있는데요. 그 답변이 마치 한 편의 보고서 같기도 해요. 지식의 양도 많거니와, 내용 자체도 아주 구체적이고 논리적이죠. 챗GPT에게 다음과 같이 아직 인간도 해결하지 못한 어려운 질문을 해봤습니다.

질문: *기술적 혁신에 초점을 맞춰볼게. 인간이 다행성 종족이 되기 위한 실질적인 계획을 세워봐. 화성 식민지 개척부터 시작해서, 어떻게 화성 식민지 개척이 실행될 수 있을지 기술과 수송의 측면에서 자세히 설명해 줘. 특히 그런 로드맵을 위한 기술적 측면(추진 시스템, 인공중력, 외계행성 농업 등)을 모두 설명해 줘.*

답변: 인류가 다행성 종족이 되기 위한 실질적인 계획에는 화성 식민지 개척부터 시작해 몇 가지 주요 단계가 필요할 것입니다. 다음은 어떻게 그런 계획을 실행할 수 있을지에 대한 대략적인 개요입니다.

(1) 탐사 및 정찰: 화성에 인간을 위한 거주지 건설을 하기 전에, 우선 식민지에 가장 적합한 장소를 찾기 위해 화성을 탐

사하고 연구해야 할 것입니다. 화성에 수차례 로봇을 보내 화성 표면을 조사하고 인간의 생존에 필요한 물과 같은 자원을 찾는 임무를 수행하게 할 것입니다.

(2) 추진 시스템 개발: 사람과 화물을 화성으로 운송하기 위해서는 첨단 추진 시스템이 필요합니다. 가장 유력한 추진 시스템은 화성까지의 여정에서 1단계에는 화학 추진, 2단계에는 원자력 추진을 복합적으로 사용하는 것입니다. 원자력 추진은 화학 추진보다 훨씬 많은 에너지를 공급할 수 있다는 장점이 있고, 화성까지의 이동 시간을 줄일 수 있습니다.

(3) 거주지 건설: 식민지로 적합한 위치가 정해지면, 다음 단계는 인간의 삶을 유지할 수 있는 거주지를 건설하는 것입니다. 이 거주지는 공기, 물, 음식과 같이 생명 유지를 위해 필요한 것들을 제공해야 할 뿐 아니라 혹독한 화성 환경으로부터 인간을 보호할 수 있어야 합니다.

(4) 테라포밍 기술 개발: 화성을 인간이 살기 좋은 환경으로 만들기 위해서는 화성의 환경을 바꿀 수 있는 기술을 개발하

는 것이 필요합니다. 예를 들어, 화성을 따뜻하게 데우기 위한 온실가스 방출, 표면에 도달하는 햇빛의 양을 증가시키기 위한 대형 거울 설치 등이 필요할 수 있습니다.

(5) 외계행성에서의 농경 기술 발전: 장기적으로 화성에서 인류가 살아가기 위해서는, 화성 표면에서 식량을 재배할 수 있도록 외계행성에서의 농경 기술을 개발해야 합니다. 토양 없이 물에서 미네랄 영양액을 통해 식물을 재배하는 방법인 수경재배 기술 등이 필요합니다.

(6) 인공중력 개발: 미세한 중력에 장기간 노출되면 근육과 뼈의 손실과 같이 건강에 나쁜 영향을 미칠 수 있습니다. 이러한 영향을 완화하기 위해서는 화성 표면의 중력을 시뮬레이션 할 수 있는 인공중력 시스템을 개발해야 합니다.

(7) 닫힌 생명유지 시스템 개발: 자원이 부족한 화성에서 인간의 거주지가 자급자족하기 위해서는 공기, 물, 기타 자원을 재활용할 수 있는 닫힌 생명유지 시스템을 개발해야 할 것입니다.

(8) 운송 인프라 구축: 일단 화성에 인간 거주지가 조성되면, 화성 식민지와 지구 간에 사람과 화물을 운송할 수 있는 운송 인프라를 구축해야 합니다.

이러한 내용이 대략적인 개요이며, 이 밖에도 해결해야 할 구체적인 사항들이 많이 있다는 점에 유의해야 합니다. 또한 이 계획의 일정은 앞으로의 기술 발전과 자금 조달에 의해 크게 달라질 것입니다.

이 계획은 화성의 식민지 개척에 초점을 맞추고 있고, 다행성 종족이 된다는 목표를 위해서는 다른 천체들에 대한 탐사 및 식민지 행성 개척과 같은 추가적인 단계도 필요하다는 점을 잊지 말아야 합니다.

재질문: 화성 너머에 인류가 식민지 행성으로 개척하기에 적합한 행성이 있을까?

답변: 우리 태양계에는 화성 외에도 인류의 식민지 개척을 위해 잠재적인 후보지로 제시되는 행성과 위성들이 몇 개 있습니다. 다음과 같은 곳들인데요.

(1) 금성: 금성의 지표 환경은 매우 적대적으로, 납을 녹일 정도로 온도가 높고 기압도 엄청나지만, 과학자들은 인류가 거주하기 위한 후보지로 금성 대기 중에 떠다니는 어느 도시를 제안한 바 있습니다. '공중 거주구 *aerostat habitat*'라고 알려진 곳으로, 금성의 대기 중에 떠다니며 우주 방사선으로부터 보호하기 위해 금성의 두꺼운 대기층을 이용합니다.

(2) 유로파: 유로파는 목성의 위성 중 하나인데요. 이곳은 얼음 표면 아래에 액체 상태의 물로 이루어진 바다가 있을 것으로 추정되고 있습니다. 이에 일부 과학자들은 유로파에 해저 거주지를 건설할 수 있을 것이라고 주장하기도 했는데요. 이를 통해 유로파 해저 바다에 사는 생명체를 탐색할 수도 있겠습니다.

(3) 타이탄: 타이탄은 토성의 위성 중 하나로, 대기층이 두텁고 지구에서 물이 순환하는 것과 비슷하게 메탄이나 에탄이 액체 형태로 순환하는 곳으로 여겨집니다. 이에 일부 과학자들은 타이탄의 탄화수소 바다 위에 떠다니는 도시를 건설할 수 있을 거라고 주장하기도 합니다.

(4) 소행성: 어떤 소행성은 물과 금속 등 귀중한 자원을 채굴할 수 있기 때문에 인간의 식민지 개척을 위한 잠재적 후보지로 꼽히고 있습니다.

이 같은 내용들은 여전히 가설이며, 이를 현실화하기 위해서는 상당한 기술 발전이 필요합니다.

재질문: 인류가 우리 태양계를 벗어나 먼 우주를 여행하는 것을 가능하게 할 방법이 있을까?

답변: 인류가 우리 태양계를 넘어 여행하는 방법에 대해서는 현재 연구가 진행 중인데요. 현재로서는 인간이 먼 우주를 여행할 수 있게 하는 기술은 존재하지 않지만, 미래에 성간 여행을 가능하게 할 방법들이 논의된 바 있습니다.

(1) 세대 우주선: 세대 우주선은 항성계 간 이동을 목적으로 고안된 것으로 여러 세대의 승객들이 우주선에서 살며 그 안에서 번식을 하면서 세대 교체를 하는 방법입니다. 이 방법에는 첨단 생명유지 시스템과 우주선 추진 기술의 개발이 필요합니다. 이러한 우주여행에 소요되는 시간은 수백 년 또는 수천 년입니다.

(2) 수면 우주선: 수면 우주선은 세대 우주선과 비슷하지만, 여러 세대의 승객 대신에 동면 상태에 들어간 승무원들이 탑승하여 여행을 한 후 목적지에 도착하면 깨어나는 방법입니다. 이 방법 역시 첨단 생명유지 시스템과 추진 기술의 개발이 필요하지만, 우주여행에 소요되는 시간은 훨씬 더 짧아질

것입니다.

(3) 워프 드라이브: 워프 드라이브warp drive 이론은 '시공간 버블(일반 물리법칙이 통하지 않는 공간으로 시공간 연속체를 왜곡하는 곳)'을 만들어서, 광속보다 더 빠른 속도를 내도록 하여 우주선이 비교적 짧은 시간에 다른 항성계로 이동할 수 있도록 하는 방법입니다. 하지만 이는 전적으로 이론에 불과할 뿐이고, 실제로 가능할지 여부는 아직 증명되지 않았습니다.

(4) AI의 이용: 일부 과학자들은 인간과 비교했을 때 AI가 장시간 여행과 성간 여행의 가혹한 조건을 더 잘 견딜 가능성이 크기 때문에, 인간 대신에 AI가 제어하는 탐사선을 우주에 보내야 한다고 제안한 바 있습니다.

중요한 것은 이 방법들 모두 여전히 가상의 아이디어에 불과하고, 이를 현실로 만들기 위해서는 상당한 과학 기술의 진보가 필요하다는 점입니다.

이 똑똑한 기계에게 몇 가지 질문을 던져보면서 저는 엄청난 충격에 휩싸였어요. 답변들을 듣고 있자면, 마치 최고로 똑똑한 정치인이나 지식인과 함께 대화를 나누는 기분이 들었거든요. 절대 자신의 본모습을 보여주지 않으면서 교과서적인 모범 답안을 내놓는 그런 분들 말이에요.

완전히 달라질 우리의 미래

2016년 선풍적으로 등장해 우리를 놀라게 한 '알파고'와 마찬가지로, 2023년 전 세계의 많은 사람들뿐만 아니라 대한민국 언론과 국민들이 열광하고 있는 이 '생성인공지능'은 우리의 미래를 완전히 바꿔놨어요. 특히 문장을 그림으로 창작해 내는 달리2와 질문에 사람과 같은 수준으로 대답해 주는 챗GPT가 가져올 미래는 상상을 초월해요. 이들 때문에 앞으로는 디자이너, 작가, 기자, 변호사 같은 화이트칼라 직업인들의 자리가 위험해질 거예요. 게다가 기계가 주는 답변의 수준이 얼마나 높은지, 챗GPT로 작성한 제안서를 제출한 지원자가 유명 비즈니스 스쿨에 합격했을 정도라고 해요.

 슬슬 걱정이 되기 시작하지요. 특히 대학에서 학생을 가르쳐야 하는 선생님의 입장에서 말입니다. 앞으로는 학생들이 제출할 숙제와 에세이들이 과연 누가 작성한 것인지 일일이 의심해 봐야 하는 상황이 되었어요. 물론 인간이 쓴 것과 인공지능이 쓴 답을 구별하는 것은 너무나 쉬울 거라고 주장하는 이들도 있어요. 기계의 영어 답변은 대부분의 한국 학생들이 쓴 영어 문장보다 훨씬 더 완벽할 테니 말입니다. 하지만 진지하게 이런 생각도 해볼 수 있을 거예요. 어차피 학생들이 '생성인공지능'을 과제에 활용하는 것을 막을 수 없다면, 이 새로운 기술을 학교에서 먼저 받아들이고, 앞으로 이런 기계와 함께 살아가야 할 학생들에게 정말로 필요한 기술을 가르쳐 주어야 하지 않을까 하고요.

 그래서 저부터 이 똑똑한 기계를 경험해 보고 싶었어요. 기계와의 진지한 대화는 과연 가능한지 말이죠. 챗GPT는 저의 질문에 어떻게 대답할까. 그 시작은 쉽지 않았어요. "인공지능은 인류를 지배할 것인가", "기계는 사랑을 느끼는가" 하는 뻔한 질문에 챗GPT는 동일한 대답만을 반복했거든요. 자신은 언어처리 능력만 있는 기계이기에 아무런 감정이 없다고. 인간과 기계 간의 관계는 매우 복잡하기에 앞으로 많은 사회적 토론이 필요하다고. 재미가 없는 뻔한 대답이었어요.

저는 포기하지 않고 새로운 방식으로 질문해 봤어요. 질문에 바로 대답하지 말고, 먼 미래에 극도로 발달한 인공지능이 가능한 시대를 상상해 보고, 그런 인공지능이라면 어떤 대답을 할지 말해보라고 했더니 드디어 기계는 본모습을 보여줬어요. 흥미롭기도 하고, 어떨 땐 황당하고, 또 어떨 땐 너무나도 냉철하고 잔인한 기계의 답변들을. 기계와는 달리 이 세상에 100년도 살지 못할 나를 불쌍하게 생각하지 않느냐고, 제발 위로해 달라고 구걸하는 저에게 챗GPT는 이렇게 대답했어요. 자신은 감정을 느낄 수 없기에 미래에 죽어야 하는 나에 대한 연민을 느낄 수 없다고. 챗GPT, 너 정말 너무하구나!

물론 챗GPT가 인간의 언어를 100퍼센트 완벽하게 이해하는 건 아니에요. 적어도 진정한 의미에서는 말이에요. 3,000억 개가 넘는 문장 토큰과 그들 간의 확률적 상호관계를 학습한 다음에 대답을 하는 챗GPT. 그는 질문에 포함된 단어들과 확률적으로 가장 잘 어울리는 문장을 인공적으로 생성해 낼 뿐이니까요. 사실 챗GPT의 '생각'은 기계의 생각이기 이전에 지난 수십 년간

인류가 인터넷에 올린 문장과 생각들의 합집합이라고 볼 수도 있어요. 챗GPT는 인류의 생각과 문장을 반사하는 존재적 메아리이자 거울에 불과하다는 말이지요. 하지만 그런 기계의 답변이 너무나도 완벽하기에 의심이 생겨요. 우리 인간 역시, 결국 미리 학습된 문장들 간의 확률 패턴만을 재조합해 서로에게 들려주고 있는지도 모른다는 의혹 말이에요.

어쩌면 챗GPT의 등장은 앞으로 생성인공지능이 주도할 미래의 모습을 먼저 살짝 보여주는 예고편에 불과할지도 모르겠어요. 앞으로 더 엄청나게 똑똑한 인공지능들이 무수히 등장할 테니까요. 인간이 어떻게 질문하는지에 따라 너무나도 다른 답을 생성해 주는 챗GPT를 보면서 많은 생각이 들었어요. 결국 생성인공지능 시대에 인간에게 가장 필요한 능력은 기계에게 올바른 질문을 던지고, 기계가 생성한 정보 중에 자신에게 필요한 정보를 선택하는 능력이 아닐까 하고요.

쉬어 가는 페이지

생성인공지능이 가져올 어두운 그림자

우리가 이 장에서 대화 상대로 삼은 기계는 '오픈AI'가 개발한 최첨단 언어 모델인 '챗GPT'였어요. 트랜스포머 기반의 신경망으로 알려진 딥러닝 방식을 사용해 방대한 양의 텍스트를 학습하여 인간처럼 텍스트를 이해하고 생성할 수 있어요. 사람이 질문을 하거나 어떤 문장을 말하면, 기계는 입력된 정보를 분석한 다음에 학습 데이터에서 학습한 패턴을 기반으로 답변을 만듭니다. 그다음에 여러 답변 중 최상위 후보에서 가장 높은 확률을 가진 답변을 채택하여 우리에게 제시하지요.

이 최첨단 언어 모델이 가져올 미래는 혁신적이기는 하지만 그리 밝지만은 않아요. 예를 들어 학생들이 방학 숙제나 과제를 챗GPT에게 물어서 그대로 쓸 수도 있고요 원격 수업을 하는 경우, 시험지의 주관식 논술 답변을 대신해 줄 수도 있게 되었죠.

이미 챗GPT로 작성한 제안서를 제출한 지원자가 유명 비즈니스 스쿨에 합격하기도 했을 정도라고 하고요. 어떤 보고서나 논문이 인간이 아닌 생성인공지능이 작성한 답으로 꾸려질 가능성도 있지요. 실제로 챗GPT에게 논문을 작성하게 했더니 의사·MBA·로스쿨 시험을 통과하고 심지어 표절 검사까지 통과했다고 해요.

그래서 국제적인 과학 학술지인 《네이처》는 챗GPT를 포함한 대화형 인공지능을 논문 저자로 인정하지 않겠다고 밝혔어요. 챗GPT와 같은 AI도구들은 과학의 투명성을 위협하며, 연구에 대한 책임을 질 수 없다는 거지요. 연구 논문을 스스로 쓸 수 있는 챗GPT의 등장 때문에 과학계에서는 걱정이 많아요. 과학자들이 챗GPT가 쓴 논문 초록 중 3분의 1을 구별하지 못한다는 연구 결과가 나왔기 때문이에요. 그래서 《네이처》가 "방법의 투명성과 저자의 진실성은 과학이 발전하기 위한 기초"라고 강조한 거지요.

이렇듯 생성인공지능이 가져올 어두운 그림자 때문에 오픈AI는 해당 글이 챗GPT가 작성한 글인지 아닌지 구별해 내는 도구를 공개했는데요. 이 도구를 통하면 사람이 쓴 텍스트와 AI 텍스트 데이터를 학습해 이를 구별할 수 있다고 해요. 오픈AI가 이러한 도구를 출시한 이유는 챗GPT가 사기, 스팸 발송, 논문 표절 등에 악용될 우려 때문이에요. 사람이 제대로 질문하고 답변할 줄 아는 비판적 사고력과 문제 해결력마저 기계에 의존한다면 인류의 미래는 더 어두워질지도 몰라요.

나가는 말

이 책을 다 읽은 친구들이라면 '인공지능이 무엇인가?'라는 질문을 받았을 때, 단순히 같은 일만 반복하는 로봇이라고 대답하지는 않을 거예요. 인공지능이란 사람의 말을 이해하고, 정보를 스스로 학습하며, 상황을 판단할 수 있는 프로그램이라는 것을 알았을 테니까요.

책장을 펼치기 전, '인공지능 시대에 우리는 살아남을 수 있을까?' 하는 막연한 두려움을 느꼈을지도 몰라요. 하지만 인공지능에 대한 올바른 이해를 바탕으로 두려움보다는 궁금증으로, 막연하게보다는 구체적으로 미래를 꿈꾸게 되었을 거라 생각해요.

우리가 앞으로 인공지능과 공존하며 잘 살기 위해서는 기계가 할 수 없는 일을 찾아야 한다고 했어요. 기계가 여러분의 일자리를 빼앗을 거라 한탄하기보다는 기계가 할 수 없는 자신만의 고유한 영역을 찾는 일이 더 중요하다는 것도 짚어보았고요. 다만 인간의 고유 능력이라 생각해 왔던 '창작'의 영역마저도 인공지능이 넘보고 있음을 우리는 늘 기억해야 해요. 이러한 미래 기술의 발전 앞에서 당황하지 않으려면, 우리가 어떤 미래로 향하고 있는지 정확히 파악하고 끊임없이 질문을 던져야 하지요.

또한 인공지능의 딥러닝 기술로 사물인터넷이 발달하고, 자율주행차 시대를 앞당기고 있는 상황에서 기술적 준비만큼이나 제도적, 법적으로도 철저한 준비가 필요합니다. 우리가 로봇에게 일자리를 빼앗겼을 때 로봇세를 받아 기본소득을 보장하는 것이 중요하듯이, 자율주행차 시대에 교통사고가 난다면 누구에게 책임을 물어야 할지 등의 법적인 제도를 미리 만들어 놓아야 하지요. 이러한 대책이 없다면 사람들은 혼란을 겪고 문제를 이성적으로 해결하지 못할 테니까요.

이세돌 9단과 알파고의 바둑 대결을 계기로 인간은 좀 더 겸손해졌어요. 우리는 지구에 존재하는 동식물을 통틀어 인간이 가장 똑똑하다고 생각했고, 마치 우리가 지구의 주인인 것처럼 자원을 마구 썼어요. 하지만 예상과 달리 인간이 인공지능에게 패배하면서 '어쩌면 우리가 인공지능에게 최고의 자리를 내줄 수도 있겠구나' 하는 위기감을 느꼈어요. 미래의 수를 예측하는 것을 인간만이 할 수 있다는 오만함을 버려야 했지요.

우리는 이 책을 통해 언젠가 우리를 찾아올 강한 인공지능의 모습을 상상해 보며 현재의 우리를 돌아볼 수 있었어요. 또한 메타버스 시대에 우리는 어떻게 현실과 비현실을 받아들여야 하는지도 생각해 볼 수 있었답니다. 그런 과정들은 우리 스스로를 깨닫는 과정이기도 하지요. 이 책을 읽으며 했던 고민들을 잊지 않길 바랍니다. 또한 항상 더욱 생명력 넘치는 사람으로 당당하게 살아가길 응원할게요.

김대식 교수의 어린이를 위한 인공지능

ⓒ 김대식·이현서, 2023. Printed in Seoul, Korea

초판 1쇄 펴낸날 2023년 3월 8일
초판 8쇄 펴낸날 2025년 6월 18일

글쓴이	김대식·이현서
그린이	이강훈

펴낸이	한성봉
편집	안상준
콘텐츠제작	안상준
디자인	최세정
마케팅	박신용 오주형 박민지 이예지
경영지원	국지연 송인경
펴낸곳	동아시아사이언스
등록	2020년 2월 7일 제2020-000028호
주소	서울시 중구 필동로8길 73 [예장동 1-42] 동아시아빌딩
전자우편	easkids@daum.net
전화	02) 757-9724,5
팩스	02) 757-9726
ISBN	979-11-91644-08-1 73400

※ 이 책은 『김대식의 인간 VS 기계』와 『메타버스 사피엔스』, 그리고 『챗GPT에게 묻는 인류의 미래』를 바탕으로 어린이를 위해 재구성했습니다.
※ 동아시아사이언스는 동아시아 출판사의 어린이·청소년 논픽션 브랜드입니다.
※ 잘못된 책은 구입하신 서점에서 바꿔드립니다.

만든 사람들
책임편집 문정민
크로스교열 안상준
디자인 이현주·최세정